중국어 8 先生

〈팔선생〉은 누구나 **쉽고 재미있게 접근할 수 있는 교재**입니다.
〈팔선생〉을 통해 즐겁게 중국어와 중국문화를
공부하시고 경험하시길 바랍니다.

八先生
Vol.06 스피킹중심

CARROT HOUSE

八先生 중국어 Level

CARROT HOUSE
中国北京市通州区大运河开发区运河明珠2号楼2单元2172

八先生 중국어 – Vol.6 스피킹중심
ⓒ Carrot House

All rights reserved. No part of this publication may be reproduced,
stored in a retrieval system, or transmitted, in any form or by any means,
without the prior permission in writing of CARROT HOUSE.

First published February 2012
Reprinted September 2016

Author : CARROT HOUSE
Editing Director : 金貞愛

ISBN 978-89-6732-029-4

Printed and distributed in Korea
9F, 488, Gangnam St., Gangnam-gu, Seoul 135-827, Korea

중국에 대한 이해

중국(中國)은 고대 중원 지방을 나타냈으나, 현재는 나라의 이름을 뜻하는 고유명사이다. 중국의 정확한 국명은 '중화인민공화국(中華人民共和國)'이며 1949년 10월 1일에 건립되었다.

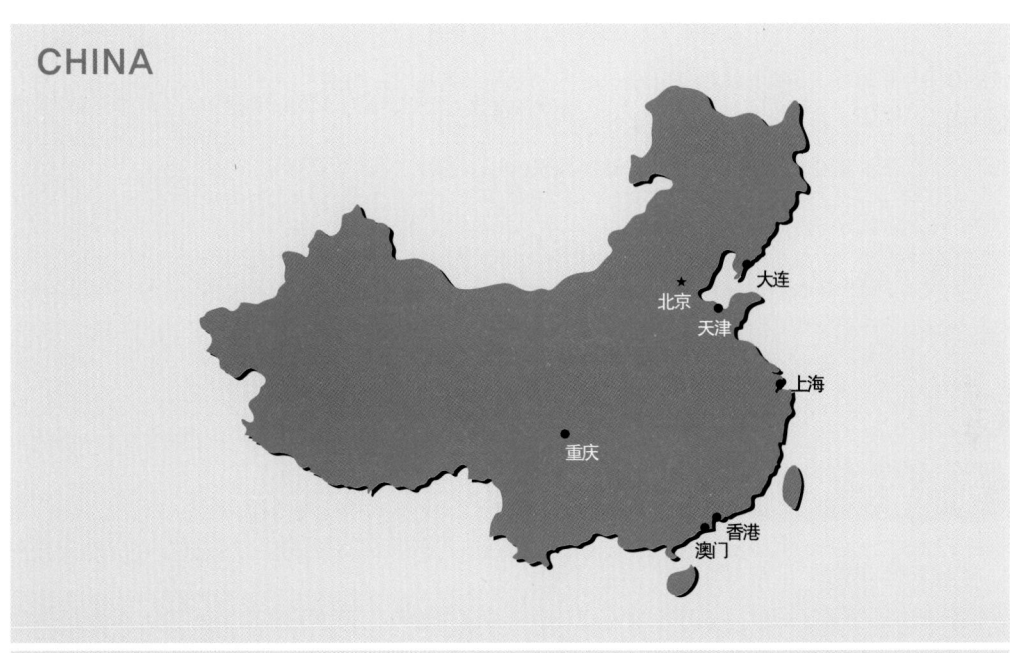

중문 국명 | 中華人民共和國(중화인민공화국)
영문 국명 | The People's Republic of China(P.R.C.)
국명 약칭 | 中國(China)
수도 | 북경(北京)
국경일 | 10월 1일

표준어 | 한어보통화(漢語普通話)
화폐 | 인민폐(RMB)
시차 | 한국보다 1시간 느림
정치 제도 | 인민대표대회제도
인구 | 약 13억 7천 만명

민족 구성 | 한족(漢族), 장족(壯族), 만주족(滿族) 등
　　　　　　56개 민족
주요 종교 | 불교, 도교, 유교
국토 면적 | 960만 제곱킬로미터

팔선생 이야기

중국에서 先生(선생)은 영어 'Mr.'를 의미하며, 八(8)은 번영과 발전을 의미하는 发(發)과 발음이 비슷하여 중국에서는 누구나 좋아하는 숫자입니다. 八先生은 누구에게나 친숙하고 누구나 좋아하는 사람을 지칭하기도 하죠. 〈팔선생〉은 누구나 쉽고 재미있게 접근할 수 있는 교재입니다.
〈팔선생〉을 통해 즐겁게 중국어와 중국문화를 공부하시고 경험하시길 바랍니다.

팔선생의 특징

1. 꼭 필요한 어휘와 상황 학습으로 내공 탄탄

팔선생 Vol.6은 중국어 중급 학습자를 위한 교재로써 중급 학습자가 꼭 학습해야 하는 필수 어휘 2,500여 개를 토대로 지문을 구성했으며, 중국인과 일상생활 회화를 자유롭게 진행할 수 있도록 다양한 상황의 회화와 지문을 제시하였습니다.
또한 매 과 문화산책에서는 중국 문화와 중국 상황에 관련된 내용을 소개하여 중국에 대해 보다 심도 있게 이해하실 수 있도록 구성했습니다.

2. 말하기, 쓰기 중심 학습으로 당신도 중국어 "通"

매 본문 하단에 본문과 관련된 질문을 제시하여, 본문 점검은 물론 말하기 중심의 수업이 진행될 수 있도록 구성하였습니다. 또한 각 과 연습문제에 작문 문제를 제공하여 학습자가 배운 내용을 한 단락의 문장으로 작문하고 발표해 볼 수 있도록 했습니다.

3. 다양한 연습과 활용으로 강무장

본문 단어와 표현 학습뿐만 아니라 부록에 新HSK 5급 테마 별 단어를 수록하여, 학습자가 다양한 어휘와 표현 학습을 통해 중국어에 능숙해질 수 있도록 구성했습니다.
이와 더불어 연습문제는 新HSK 4, 5급 유형으로 제시하여 新HSK 4, 5급을 대비하는 학습자 분들이 시험 유형에 익숙해질 수 있도록 구성했습니다.

팔선생 시리즈는 학습자 여러분이 중국어에 대해 흥미와 자신감을 갖고 기초부터 중고급까지 차근차근 닦아나갈 수 있도록 다방면으로 고려하여 제작된 교재입니다. 팔선생 시리즈가 학습자 여러분이 글로벌 역량을 강화시키는 데 큰 힘이 되길 바랍니다.

목차

제1과 → 7p
听说你上个周末去听了张教授的演讲。
듣자 하니 지난주에 장교수님의 강연을 들으러 갔었다면서요.

- **학습목표**
  1. 두 개 이상의 대상을 비교하여 공통점과 차이점을 묘사할 수 있다.
  2. 수락과 거절에 관한 표현을 습득하여 활용할 수 있다.
- **주요학습 내용**
  1. '受到……影响' 구문
  2. 인지동사 '认为'
  3. 중국어의 해음(谐音) 현상

제2과 → 15p
难道你在练习太极拳吗?
설마 태극권을 연습하고 있는 것은 아니지요?

- **학습목표**
  1. 대상이 가지는 장점을 설명하거나 묘사할 수 있다.
  2. 대상의 특징을 나열하여 소개할 수 있다.
- **주요학습 내용**
  1. 어기 부사 '难道'
  2. 부사 '其实'
  3. 포폄(褒贬)의미

제3과 → 23p
你希望你的女朋友是个怎样的人呢?
당신은 당신 여자 친구가 어떤 사람이었으면 좋겠어요?

- **학습목표**
  1. 수식어를 활용하여 외모를 묘사할 수 있다.
  2. 수식어를 활용하여 대상의 특징을 묘사할 수 있다.
- **주요학습 내용**
  1. 부사 '简直'
  2. 동사 '意味着'
  3. 열거표현 '首先……其次……另外'

제4과 → 31p
要是我们将来能顺利地就业就好了。
우리가 앞으로 순조롭게 취업이 된다면 좋겠어요.

- **학습목표**
  1. 상대방에게 충고의 메시지를 전달할 수 있다.
  2. 두 대상의 특징을 비교하여 묘사할 수 있다.
- **주요학습 내용**
  1. '比' 비교 구문
  2. '只是……而已' 구문
  3. 접속사 '以免'

제5과 → 39p
茶叶有哪些功效啊?
차 잎은 어떤 효능이 있어요?

- **학습목표**
  1. 들은 내용은 정리하여 다시 말하기를 할 수 있다.
  2. 근거를 제시하여 의견을 주장할 수 있다.
- **주요학습 내용**
  1. 접속사 '以及'
  2. 부사 '怪不得'
  3. '开门七件事'의 뜻

제6과 → 47p
慢性子和急性子还真是各有各的长处呢。
성질이 급한 사람과 느긋한 사람은 각각 장점이 있군요.

- **학습목표**
  1. 수식어를 활용하여 성격을 묘사할 수 있다.
  2. 사실에 대한 내용을 설명하거나 묘사할 수 있다.
- **주요학습 내용**
  1. '连……也' 강조 용법
  2. 부사 '真够'
     비유적 표현 '一扇窗口'

제7과 → 55p

你这几种状况都是心理亚健康状态。
당신의 이러한 몇 가지 상태는 심리적으로 건강하지 못한 상태이다.

- **학습목표**
  1. 상황에 대한 원인과 결과를 설명할 수 있다.
  2. 비유법을 통해 대상을 묘사할 수 있다.

- **주요학습 내용**
  1. '亚健康'의 의미
  2. 부사 '竟然'
  3. 전치사 '至于'

제8과 → 63p

祝贺你乔迁新居!
새로운 집에 이사를 가게 되어서 축하 드려요.

- **학습목표**
  1. 친구를 초대하거나 칭찬하는 메시지를 전달할 수 있다.
  2. 흐름에 따른 절차와 단계를 설명할 수 있다.

- **주요학습 내용**
  1. '给+대상+温居' 구문
  2. 부사어 '不停地'
  3. '把' 자문과 보어

제9과 → 71p

别提了, 我长胖了3公斤。
말도 마세요. 저는 3킬로가 쪘어요.

- **학습목표**
  1. 상대에게 충고의 메시지를 전달할 수 있다.
  2. 내용을 이해한 후 요약하여 전달할 수 있다.

- **주요학습 내용**
  1. 동사 '认为'와 '以为'
  2. '不……也' 구문
  3. 상용구문 '总体来说'

제10과 → 79p

我家的电冰箱坏了, 想申请维修服务。
우리 집 냉장고가 고장 나서, A/S를 신청하려고 해요.

- **학습목표**
  1. 사실에 대한 내용을 묘사하거나 설명할 수 있다.
  2. 과거와 현재 시제를 이용하여 말할 수 있다.

- **주요학습 내용**
  1. 사과구문 '抱歉'
  2. '截至……为止' 구문
  3. '被称为' 구문

제11과 → 87p

多音字的学习只能靠死记硬背。
다음자 학습은 무조건 외울 수 밖에 없지요.

- **학습목표**
  1. 자신의 경험을 바탕으로 상대에게 조언을 할 수 있다.
  2. 제시된 대상의 분류와 계통을 설명할 수 있다.

- **주요학습 내용**
  1. 전치사 '靠'
  2. '包括……在内' 구문
  3. 동사 '产生'

제12과 → 95p

我一定不辜负大家的期望。
저는 반드시 여러분의 기대를 저버리지 않겠어요.

- **학습목표**
  1. 상대방에게 축하의 메시지를 전달할 수 있다.
  2. 두 개 이상의 대상을 비교하여 공통점과 차이점을 설명할 수 있다.

- **주요학습 내용**
  1. 동사 '舍不得'
  2. '根据……而进行' 구문
  3. '相当于' 구문

제1과

听说你上个周末去听了张教授的演讲。

듣자 하니 지난주에 장교수님의 강연을 들으러 갔었다면서요.

❶ 두 개 이상의 대상을 비교하여 공통점과 차이점을 묘사할 수 있다.
❷ 수락과 거절에 관한 표현을 습득하여 활용할 수 있다.

● 위의 물건 중에서 중국인들이 좋아하는 선물과 싫어하는 선물을 구분해 보고, 어떤 이유로 좋아하고, 싫어하는지 말해 봅시다.

본문 1

了解中国文化

张文志：智慧，听说你上个周末去听了张教授的演讲，是吗？

李智慧：是啊，张教授是中韩文化方面的专家，为了能够更加了解中国文化，我就和朋友们一起去了。

张文志：你觉得演讲怎么样？

李智慧：受益匪浅，以前我只知道韩国与中国的风俗不同，不过这次我也发现了一些两个国家的共同点。

张文志：是吗？说来听听。

李智慧：比如说，中国和韩国都受到儒家思想的影响，注重礼仪。而且都使用相同的历法。

张文志：没错，这就是中国和韩国有很多相同节日的原因！

李智慧：但是，在日常生活方面也有很多的差异。

张文志：比如说呢？

李智慧：比如说韩国人认为白色是纯洁高贵的象征，但是中国人却认为白色与死亡有关，不太吉利。

张文志：嗯，还真是这样！看样子你这次的听讲收获不小啊！

1 李智慧和朋友为什么去听了张教授的演讲？

2 你知道韩中两国文化有哪些共同点？

3 中国人为什么不喜欢白色？

- **演讲**[yǎnjiǎng] [명] 강연, 연설
  [동] 연설하다, 강연하다
- **专家**[zhuānjiā] [명] 전문가
- **受益匪浅**[shòuyì fěiqiǎn] 이익을 보는 것이 적지 않다
- **风俗**[fēngsú] [명] 풍속
- **儒家思想**[rújiā sīxiǎng] 유가 사상
- **注重**[zhùzhòng] [동] 중시하다,

  중점을 두다
  ~质量(품질), ~经验(경험)
- **礼仪**[lǐyí] [명] 예의, 예절과 의식
- **历法**[lìfǎ] [명] 역법
- **纯洁**[chúnjié] [형] 순결하다,
  순수하고 맑다 ≒ 清白 qīngbái
- **高贵**[gāoguì] [형] 고귀하다, 기품이
  높다 [형] 귀중하다, 진귀하다

- **象征**[xiàngzhēng] [동] 상징하다
- **死亡**[sǐwáng] [명] 사망 [동]사망하다
- **吉利**[jílì] [형] 길하다
- **收获**[shōuhuò] [명] 소득, 수확, 성과
  [동] 수확하다, 추수하다
  有收获 수확이 있다
  收获不小 수확이 적지 않다

1 以前我只知道韩国与中国的风俗不同。
예전에 한국과 중국의 풍속이 다르다는 것만 알고 있었다.

> '与……不同' 에서 '与' 는 '~와' 로 해석되며, 구어체에는 '和/跟' 을 문어체에는 '与/同' 을 더 많이 쓴다. * '和/跟/与/同' 과 함께 잘 쓰이는 것으로 '不同/相同/有关/相比' 등이 있다.

[예] 中国人却认为白色与死亡有关, 不太吉利。
중국인은 오히려 흰색과 죽음이 관련 있다고 여겨서 길하지 못하다 생각한다.
电子邮件与普通信件相比, 前者有很多优点。
이메일과 일반 편지를 비교해 보면, 전자가 더 많은 장점을 가지고 있다.

2 中国和韩国都受到儒家思想的影响 중국과 한국은 유교사상의 영향을 받아서

> '受到……影响' 은 자주 쓰는 술목 구조로 '~한 영향을 받다' 라는 뜻으로, '重视', '欢迎', '喜爱' 등의 추상적인 의미의 목적어와 주로 잘 쓰인다.
> * '收到' 는 구체적 사물을 목적어로 가진다. 예를 들면, '收到+发票/信/礼物'

[예] 普洱茶之所以受到女性的喜爱, 是因为它具有减肥的效果。
보이차가 여성들에게 사랑을 받는 것은, 그것이 다이어트 효과를 가지고 있기 때문이다.
该如何进行保健, 越来越受到年轻上班族的重视。
건강을 어떻게 관리해야 하는지가 갈수록 많은 젊은 샐러리맨의 관심을 받고 있다.

3 韩国人认为白色是纯洁高贵的象征 한국인은 흰색은 순결하고 고귀한 상징으로 여기는데

> '认为' 는 인지동사로 '~라고 여기다, 생각하다' 로 해석되며 보통 절을 목적어로 가진다.
> * 이와 같이 절을 목적어로 하는 인지동사로는 '以为', '知道', '记得' 등이 있다.

[예] 中国人认为单数表示关系不和睦。
중국인은 홀수는 사이가 좋지 않음을 의미한다고 생각한다.

본문 2

送礼禁忌

作为一个外国人，在与中国人的接触中需要注意一些文化的差异以及禁忌。比如，在和中国人一起吃饭的时候，不能将筷子插在饭碗里，这会被认为是预示死亡。而且，给中国人送礼的时候不能送钟表。因为"送钟"和"送终"发音相同。而"送终"的意思是照顾一个快要去世的人或给去世的人办丧事。

有人结婚的时候，大家都会赠送礼金或礼品表示祝贺，但是礼金的数额必须是双数才行。因为中国人认为单数是关系不和睦的意思。但是，在韩国，礼金的数额却得是单数。

另外，给中国新婚夫妇的礼物也不能是雨伞。因为"伞"和"散"同音。还有，中国人不和家人分吃一个梨，因为他们觉得如果和家人"分梨"就代表着"分离"。这些都是很不吉利的。

1　为什么不能将钟表作为礼物？
2　关于给新婚夫妇的礼金和礼物有哪些禁忌？
3　请举一个你知道的关于中国人禁忌的例子。

- 接触[jiēchù] [동] 닿다, 접촉하다 [동] 교제하다, 왕래하다
- 禁忌[jìnjì] [명] 금기, 터부 [동] 꺼리다, 기피하다
- 插[chā] [동] 끼우다, 꽂다, 삽입하다
- 被认为…… : ~라고 여기다
- 预示[yùshì] [동] 예시하다, 예시되다
- 死亡[sǐwáng] [명] 사망, 멸망, 파국 [동] 죽다, 사망하다, 생명을 잃다
- 给……送礼[gěi……sònglǐ] ~에게 선물을 보내다
- 送终[sòngzhōng] [동] (부모·연장자의) 임종을 지키다, 마지막 길을 보내다
- 丧事[sāngshì] [명] 장례, 장의
- 赠送[zèngsòng] [동] 증정하다, 선사하다
- 礼金[lǐjīn] [명] 사례금, 축의금
- 礼品[lǐpǐn] [명] 선물
- 数额[shù'é] [명] 일정한 수, 액수
- 双数[shuāngshù] [명] 짝수 ↔ 单数dānshù
- 和睦[hémù] [형] 화목하다, 사이가 좋다
- 分离[fēnlí] [동] 분리하다, 나누다 [동] 헤어지다, 이별하다

팔선생 표현학습

1 不能将筷子插在饭碗里。 젓가락을 밥그릇에 꽂아서는 안 된다.

> '将'은 전치사로 쓰이면 전치사 '把'와 같은 기능을 한다.
> 일반적으로 '将'은 문어체에 쓰이며, '把'는 구어체에 쓰인다.
> * '将'은 전치사 이외의 다양한 품사의 쓰임이 있다.
>   1) 将来: [명] 장래, 미래   2) 将: [부] 곧, 장차

[예] 应该将鱼头朝向客人摆放。 생선머리를 손님을 향해 놓아야 한다.
     将它切成块儿后备用。 그것을 조각으로 썬 뒤 준비해 둔다.

2 因为"送钟"和"送终"发音相同。
'시계를 선물하는 것'과 '마지막을 보내다(장례를 치르다)'는 발음이 같기 때문이다.

> '해음 (谐音) 현상'이란 두 단어가 서로 다른 의미를 가지고 있지만, 발음이 같거나 비슷하여 한 단어를 말할 때 다른 단어를 떠올리게 되는 것을 말한다. 대표적인 예가 손님을 접대할 때 '鱼(생선)'를 접대하는 것은 '余(잉여, 여유)'와 발음이 같기 때문이다.
> * 해음 현상이 광고에 활용되는 경우도 있다.
>   성어 '有备无患(유비무환)'을 솜이불 가게에서는 '有被无患'으로 바꿔서 쓰며,
>   '十全十美(완전무결)'를 레스토랑에서는 '食全食美'로 바꿔 쓰기도 한다.

[예] 해음현상을 잘 이용한 글로벌 브랜드명

Dove	多芬 duōfēn '향기롭다'의 의미 得芙 défú '(≒得福)복을 얻다'의 의미
Mazda	马自达 Mǎzìdá 자동차를 말로 비유하여 이 자동차를 타면, 좋은 곳으로 다다르게 한다는 의미
Simons	席梦思 Xímèngsī 공상이 떠오르지 않고, 편안한 꿈 속으로 들어간다는 의미

연습문제

1. 대화를 듣고 질문에 대한 알맞은 답을 고르시오.

❶ (　　　　　)

A 宗教一样。

B 重视礼仪。

C 风俗完全相同。

❷ (　　　　　)

A 中国跟韩国使用不同的历法。

B 韩国人认为白色很吉利。

C 中国人认为白色是纯洁高贵的象征。

2. 들려주는 한 단락의 내용을 듣고 묻는 질문에 알맞은 대답을 고르시오.

❶ (　　　　　)

A 给中国人送礼的时候不能送手表。

B 能把筷子插在饭碗里。

C 中国人结婚的时候, 礼金的数额必须是双数才行。

❷ (　　　　　)

A "伞"和"雨"

B "梨"和"离"

C "终"和"散"

3. 아래의 밑줄 친 부분에 알맞은 답을 고르시오.

　　作为一个外国人, 在与中国人的接触中需要注意一些文化的差异以及禁忌。比如, 在和中国人一起吃饭的时候, 不能　1)　筷子插在饭碗里, 这会被认为是预示死亡。而且, 给中国人送礼的时候不能送　2)　。因为"送钟"和"送终"发音相同。而"送终"的意思是照顾一个快要去世的人或给去世的人办丧事。有人结婚的时候, 大家都会赠送礼金或礼品表示祝贺, 但是礼金的数额必须是双数才行。因为中国人认为单数是关系不和睦的意思。但是，在韩国，礼金的数额却得是单数。另外，给中国新婚夫妇的礼物 也不能是雨伞。因为"伞"和"散"同音。还有，___3)___，因为他们觉得如果和家人"分梨"就代表着"分离"。这些都是很不吉利的。

❶ A 将　　　　　　B 被　　　　　　C 于　　　　　　D 给
❷ A 手表　　　　　B 钟表　　　　　C 闹钟　　　　　D 鞋子
❸ A 韩国人不和中国人一起吃饭　　　B 中国男人不和女人分配家务事
　 C 韩国人和家人分吃一个梨　　　　D 中国人不和家人分吃一个梨

4. 제시된 단어나 구를 알맞게 배열하여 완전한 문장을 만드시오.

❶ 有　相比　电子邮件与　优点　很多　普通信件　前者

_____

❷ 受到　中国和　儒家思想　韩国都　的影响

_____

❸ 意思　认为　单数　中国人　不和睦的　是关系

_____

5. 다음 제시된 그림과 연관 지어 80자로 중작하시오.

结婚　象征　礼金　参加　红色

_____
_____
_____。

중국문화 산책

중국의 윈난성과 소수민족

윈난성(云南省)은 중국에서 소수민족이 제일 많은 성이다. 한족을 제외한 55개 소수민족 중에서 52개의 소수민족이 윈난성에 살고 있다. 특히 백족(白族), 하니족(哈尼族), 태족(傣族), 이수족(傈僳族), 와족(佤族), 납호족(拉祜族), 납서족(纳西族), 경파족(景颇族), 부랑족(布朗族), 보미족(普米族), 노족(怒族), 아창족(阿昌族), 덕앙족(德昂族), 기노족(基诺族), 독룡족(独龙族)은 윈난에서만 볼 수 있는 15개의 소수민족이다.

윈난성 총인구 4,450만 명 중 소수민족은 1/3을 차지하고 있다. 역사의 기록에 따르면 장족은 당나라 초기에 윈난성에 들어왔으며 회족(回族), 몽고족(蒙古族), 보미족(普米族), 묘족(苗族), 요족(瑶族)은 원나라 때 윈난성에서 생활하기 시작하였다고 한다.

● 윈난성 볼만한 관광절 ●

보이차(普洱茶) 문화 관광절	매년 4월 달에 보이현(普洱县)에서 거행되는데 주요 내용으로는 민족 다예시합, 보이차 특산품 교역회 등이 있다.
장족(壮族)의 화가절(花街节)	매년 5월 1일~6일이면 광난현에서 거행되는데 내용으로는 화가절 개가(开街) 의식이 있고 민족 민간의 가무 공연, 장족의 악기 공연 등 활동이 있다.
동파(东巴) 문화 관광절	매년 5월1일~10일까지 리장(丽江) 고성에서 거행되는데 명절 기간의 횃불 야회, 하등(옛날, 백중날인 음력 7월 15일에 공양(供養)을 위해 운하에 띄워 보내는 등롱(燈籠)을 띄워 보내기, 촬영 시합, 미식(美食) 시합 등 일련의 활동)으로 동파 문화를 더 잘 이해할 수 있다.
샹그리라(香格里拉) 문화 관광절	매년 5월5일~10일에 디칭(迪庆)주에서 거행되는데 내용으로는 개막식의 대형 가무 공연, 두커중(独克宗-지명) 고성의 횃불 야회, 민족 복장 패션쇼 등이 있다.

제2과

难道你在练太极拳吗?

설마 태극권을 연습하고 있는 것은 아니지요?

❶ 대상이 가지는 장점을 설명하거나 묘사할 수 있다.
❷ 대상의 특징을 나열하여 소개할 수 있다.

- 경극이나 만담을 관람해 본 적이 있나요?
- 한국의 탈춤과 비교해서 이야기해 봅시다.

본문1

修身养性

李智慧：文志，你最近都在干什么啊？怎么周末也不来找我玩儿啊？

张文志：我啊，最近在修身养性！

李智慧：修身养性？难道你在练习太极拳吗？

张文志：哈哈，其实，我最近在学习书法！

李智慧：怎么突然想起来学写毛笔字了？

张文志：其实书法不光是一门艺术，而且练书法还是一种养生保健的好方法呢！

李智慧：这么神奇啊？说来听听。

张文志：因为在学习书法的过程中，可以锻炼手指、手腕以及手臂的协调性和灵活性，促进大脑右脑的发育。

李智慧：听起来还挺有道理的嘛。

张文志：而且学习书法需要耐心细致，持之以恒。通过学习书法，人们可以养成细致耐心的良好习惯，同时有益于锻炼意志。

李智慧：嗯，让你这么一说，我也想学学书法了！

1　周末张文志在干什么？学习打太极拳吗？

2　学习书法有哪些好处？

3　说说你的业余兴趣都有哪些好处。

단어학습

- 修身养性[xiūshēn yǎngxìng] 신심을 닦고 교양을 쌓다
- 难道[nándào] [부] 설마 ~란 말인가?
- 毛笔[máobǐ] [명] (털)붓, 모필
- 书法[shūfǎ] [명] 서예
- 突然[tūrán] [부] 갑자기, 홀연히
- 其实[qíshí] [부] 사실은, 실제는
- 不光[bùguāng] [부] ~뿐 아니라
  ≒ 不仅, 不但
- 门[mén] [양] 학문. 기술 따위의 항목을 세는 양사
- 艺术[yìshù] [명] 예술
- 养生[yǎngshēng] [동] 양생하다, 보양하다
- 保健[bǎojiàn] [명] 보건 [동] 건강을 지키다
- 神奇[shénqí] [형] 신기하다, 기묘하다
- 手指[shǒuzhǐ] [명] [생물] 손가락
- 手腕[shǒuwàn] [명] 팔목, 손목
- 手臂[shǒubì] [명] 팔뚝
- 协调[xiétiáo] [동] 협조하다, 조화되다
- 灵活性[línghuóxìng] [명] 융통성, 유연성
- 促进[cùjìn] [동] 촉진하다
- 大脑[dànǎo] [명] 대뇌
- 发育[fāyù] [동] 발육하다, 자라다
- 耐心[nàixīn] [형] 참을성이 있다 [명] 인내심
- 细致[xìzhì] [형] 꼼꼼하다, 치밀하다
- 持之以恒[chí zhī yǐ héng] 끈기를 가지고 지속하다
- 良好习惯[liánghǎo xíguàn] 좋은 습관
- 有益于[yǒu yìyú] ~에 도움이 되다
- 意志[yìzhì] [명] 의지, 의기

팔선생 표현학습

1 难道你在练习太极拳吗? 너 설마 태극권 연습하는 거였어?

어기부사 '难道' 는 주어 앞뒤에 모두 놓일 수 있으며, 강한 반문의 어감을 나타낸다.
* 또한 문미에 어기조사 '吗' 와 함께 쓰인다.

[예] 这儿不可以抽烟, 你难道不知道吗? 여기서 담배 피면 안 되는 것을 당신은 설마 몰랐나요?
我亲眼看见了, 难道你不信吗? 내가 두 눈으로 똑똑히 봤는데, 설마 너는 못 믿는 거야?

2 其实书法不光是一门艺术, 而且练书法还是一种养生保健的好方法呢! 사실 서예는 예술일 뿐 아니라, 서예를 연습하는 것은 건강을 지키는 좋은 방법이야!

'其实' 는 부사로 '사실은, 실제는' 의 의미로 사용된다.
* 앞 절의 내용과 상반된 내용 혹은 앞서 말한 내용을 수정·보충할 경우 사용한다.

[예] 其实我小时候的理想是当一名医生。 사실 저의 어렸을 때의 꿈은 의사가 되는 것이었어요.
其实里面也有着一些基本礼仪。 사실 그 안에는 몇 가지 기본 예의가 있다.

3 通过学习书法, 人们可以养成细致耐心的良好习惯, 同时有益于锻炼意志。 서예를 배우는 것을 통해서, 사람들은 꼼꼼하고 인내심 있는 좋은 습관을 기를 수 있고, 동시에 의지를 단련하는 데 유익하다.

'养成~习惯' 은 '~한 습관을 기르다, 양성하다' 의 의미로 결합해서 쓴다.
* 养成好习惯 ↔ 养成坏习惯 / 养成早起早睡的习惯

[예] 为减少污染, 我们应该养成节约的习惯。 오염을 줄이기 위해, 우리는 절약하는 습관을 길러야만 한다.
我从小就养成了早睡早起的好习惯。 나는 어려서부터 일찍 자고 일찍 일어나는 좋은 습관을 길렀다.

본문2

中国的"国剧"－京剧

京剧代表着中国的戏曲艺术，所以又被称为"国剧"。作为中国最具影响力的汉族戏曲剧种之一，京剧至今已有将近二百年的历史。其实京剧起源于四个地方的剧种：一是流行于安徽省一带的徽剧；二是流行于湖北的汉剧；三是流行于江苏一带的昆曲；四是流行于陕西的秦剧。在清朝乾隆末期这些剧种互相影响，逐渐融合发展成为现在的京剧。京剧的一大特点是，在人的脸上涂上某种颜色用来象征这个人的性格特点和角色。简单地说，红脸含有褒义，代表忠勇；黑脸代表勇猛智慧；蓝脸和绿脸代表出身贫穷的英雄；黄脸和白脸含贬义，代表奸诈凶恶；金脸和银脸表示神秘，代表神或妖。这种脸谱起源于古时的宗教和舞蹈面具，今天许多戏剧中都保留了这种传统。

1 为什么说京剧是"国剧"？

2 京剧是怎样形成的？

3 京剧中的脸谱都有什么含义？

단어학습

* 京剧[jīngjù] [명] 경극
* 戏曲[xìqǔ] [명] 중국 전통극
* 国剧[guójù] [명] 한 나라의 대표적인 연극
* 将近[jiāngjìn] [동] 거의 ~에 이르다
* 起源[qǐyuán] [명] 기원 [동] 기원하다
* 融合[rónghé] [동] 융합하다
* 涂上[túshang] 바르다
* 角色[juésè] [명] 배역, 역
* 褒义[bāoyì] [명] 칭찬 또는 찬양의 의미
* 忠勇[zhōngyǒng] [형] 충성스럽고 용감하다
* 勇猛[yǒngměng] [형] 용맹스럽다
* 智慧[zhìhuì] [명] 지혜↔愚昧 yúmèi
* 贫穷[pínqióng] [형] 가난하다, 빈곤하다
* 奸诈[jiānzhà] [형] 간사하다
* 凶恶[xiōng'è] [형] 흉악하다
* 贬义[biǎnyì] [명] 부정적이거나 혐오적인 의미
* 神秘[shénmì] [형] 신비하다
* 脸谱[liǎnpǔ] [명] 배우들의 얼굴 분장
* 妖[yāo] [명] 요괴 [형] 요사하다
* 宗教[zōngjiào] [명] 종교
* 面具[miànjù] [명] 가면, 탈, 마스크
* 舞蹈[wǔdǎo] [명] 무용 [동] 춤추다, 무용하다
* 保留[bǎoliú] [동] 보존하다, 남겨 두다

팔선생 표현학습

1 京剧代表着中国的戏曲艺术, 所以又被称为"国剧"。
경극은 중국의 희곡예술을 대표한다. 그래서 '국극' 이라고도 불린다.

> '被称为' 는 전치사 '被' 뒤의 행위자 부분이 생략된 형식이며, 자주 쓰이는 고정 격식이다.
> 주어 +   被 + (전치사의 목적어) + 동사
> 동작의 대상   (동작의 행위자)

[예] 爱迪生被称为发明大王。 에디슨은 발명왕으로 불린다.
黄河是中国的第二长河, 它被中国人称为"母亲河"。
황허강은 중국의 제2의 강이며, 중국인에 의해 '어머니의 강' 으로 불린다.

2 红脸含有褒义, 代表忠勇;
붉은 얼굴은 좋은 것을 함축하며, 충성스럽고 용감한 것을 대표한다.

黄脸和白脸含贬义, 代表奸诈凶恶;
노란 얼굴과 하얀 얼굴은 부정적인 의미로 간사하고 흉악한 것을 대표한다.

> '褒义词' 란 사물이나 현상에 대해 긍정적인 뉘앙스를 가진 단어를 뜻한다.
> 예를 들어 아래와 같은 단어가 있다.
> 勤奋[qínfèn] [형] 부지런하다 美好[měihǎo] [형] 아름답다 勇敢[yǒnggǎn] [형] 용감하다
> 善良[shànliáng] [형] 착하다 谦逊[qiānxùn] [형] 겸손하다
>
> 반면, '贬义词' 란 사물이나 현상에 대해 부정적인 뉘앙스를 가진 단어를 뜻한다.
> 예를 들어 아래와 같은 단어가 있다.
> 懒惰[lǎnduò] [형] 게으르다 丑恶[chǒu'è] [형] 추악하다 傲慢[àomàn] [형] 거만하다
> 凶恶[xiōng'è] [형] (성격·행위·용모 등이) 흉악하다 怯懦[qiènuò] [형] 나약하고 겁이 많다

[예] 经常很晚睡觉(入睡)会造成很严重的后果。 자주 늦게 잠이 드는 것은 심각한 결과를 초래할 수 있다.
         (vs.形成)   (vs.结果)

연습문제

1. 대화를 듣고 질문에 대한 알맞은 답을 고르시오.

❶ (   )

A 打太极拳
B 搞艺术
C 学习书法

❷ (   )

A 在学习书法的过程中只能用手指就可以。
B 学习书法有益于锻炼意志。
C 男的对书法一点儿感兴趣都没有。

2. 들려주는 한 단락의 내용을 듣고 묻는 질문에 알맞은 대답을 고르시오.

❶ (   )

A 京剧至今已有将近200年的历史。
B 京剧起源于安徽省、湖北、江苏、陕西省一带的。
C 在秦朝, 徽剧、汉剧、昆曲、秦剧, 这些剧种发展为京剧。

❷ (   )

A 红脸含有贬义。
B 黑脸代表勇猛智慧。
C 黄脸和白脸含褒义。

3. 아래의 밑줄 친 부분에 알맞은 답을 고르시오.

> 京剧代表着中国的戏曲艺术, 所以又被　1)　为"国剧"。作为中国最具影响力的汉族戏曲剧种之一, 京剧至今已有将近二百年的历史。其实京剧起源于　2)　的剧种: 一是流行于安徽省一带的徽剧; 二是流行于湖北的汉剧; 三是流行于江苏一带的昆曲; 四是流行于陕西的秦剧。在清朝乾隆末期这些剧种互相影响, 逐渐融合发展成为现在的京剧。京剧的一大特点是, 在

人的脸上涂上某种颜色用来象征这个人的性格特点和角色。简单地说，红脸含有　3)　　，代表忠勇；黑脸代表勇猛智慧；蓝脸和绿脸代表出身贫穷的英雄；黄脸和白脸含贬义，代表奸诈凶恶；金脸和银脸表示神秘，代表神或妖。这种脸谱起源于古时的宗教和舞蹈面具，今天许多戏剧中都保留了这种传统。

❶ A 视　　　　B 选　　　　C 称　　　　D 评
❷ A 一个地方　　B 两个地方　　C 三个地方　　D 四个地方
❸ A 贬义　　　　B 褒义　　　　C 中性　　　　D 个性

4. 제시된 단어나 구를 알맞게 배열하여 완전한 문장을 만드시오.

❶ 难道　不准　不知道　办公室里　你们　抽烟　吗

_____

❷ 小时候的　我　理想　一名　其实　当　医生　是

_____

❸ 养成了　我　好习惯　早睡早起的　从小就

_____

5. 다음 제시된 단어와 그림을 연관 지어 80자 내외로 중작하시오.

书法　印象　一举两得　报名　参加

_____
_____
_____
_____ 。

중국문화 산책

중국 서예 예술

왕희지(王羲之)의 난정서(兰亭序)

서예는 한자와 한자의 필기구인 문방사우(종이, 붓, 먹, 벼루)의 발명으로 점차 탄생하였다. 나중에는 한자와 함께 일본, 한국, 동남아 등의 다른 국가와 지역으로 전파되었다. 중국의 서예는 중국인 뿐만 아니라 세계의 많은 사람에게 사랑을 받고 있다.

그럼 중국의 서예는 어떻게 탄생되고 발전해 왔으며, 그것은 어떤 특징이 있는가? 이 문제는 한자의 역사를 거슬러 올라가야 분명해진다. 왜냐하면 서예의 역사가 한자의 역사와 그만큼 밀접하게 연결되어 있기 때문이다.

> 중국 한자의 발전은 대체로 갑골문(甲骨文) → 금문(金文) → 전서(篆书) → 예서(隶书) → 초서(草书) → 해서(楷书) → 행서(行书)의 몇 단계를 거쳤으며, 중국 서예의 기본 글자체도 바로 이 몇 가지로 구성되어 있다.

이와 같은 변천 과정은 중국 한자의 탄생과 변천 과정이면서 또한 중국 서예의 각종 글자체의 형성 과정이기도 하다. 역사적으로 보면, 중국 서예의 다섯 가지 기본 글자체인 전서, 예서, 초서, 해서, 행서는 수당(隋唐) 시기에 이미 정형화되었으며, 그 후에 비록 수많은 변화를 거치면서 끊임없이 새로운 창작이 출현했다.

그러나 위의 다섯 종류의 글자체는 단지 중국 서예의 기본적인 글자체일 뿐이다. 실제로는 설령 같은 글자체라 할지라도 서로 다른 사람이 쓰면 개인의 개성, 기질, 애호, 취미, 수양, 기초, 추구 등의 각종 차이로 말미암아 그들이 쓴 글자도 제각기 독특한 점을 가질 것이며 결코 같을 수 없다.

중국 역사상에서 유명한 서예가들이 끊임없이 출현하여 그 유파가 매우 많고 풍격도 각기 다르며, 우수한 서예 작품이 헤아릴 수 없을 정도로 많고 갖가지 다양한 모습을 하고 있는 것은 바로 이러한 이치이다.

고대 중국의 가장 뛰어난 대표적인 서예가로는 주로 진대(晋代)의 왕희지(王羲之)·왕헌지(王献之) 부자, 당대(唐代)의 장욱(张旭), 회소(怀素), 안진경(颜真卿), 류공권(柳公权), 구양순(欧阳旬), 송대(宋代)의 소동파(苏东坡), 황정견(黄庭坚), 원대(元代)의 조맹부(赵孟頫), 명대(明代)의 동기창(董其昌), 장서도(张瑞图), 청대(清代)의 정판교(郑板桥), 오창석(吴昌硕) 등이 있다.

제 3 과

你希望你的女朋友是个怎样的人呢?

당신은 당신 여자 친구가 어떤 사람이었으면 좋겠어요?

❶ 수식어를 활용하여 외모를 묘사할 수 있다.
❷ 수식어를 활용하여 대상의 특징을 묘사할 수 있다.

- 당신은 어떤 이성과 결혼하고 싶은가요?
- 배우자를 구하는 기준에 대해서 이야기해 봅시다.

본문 1

我心目中的"男朋友"

乐乐：志勋，你昨天晚上看电视剧《恋曲》了吗？

志勋：当然看了，最近这部电视剧可是很红的！

乐乐：我特别喜欢里面的那个男主角！

志勋：嗯，不仅长得帅，而且性格还非常好。

乐乐：是啊，最重要的是，他感情专一，从头到尾他都只爱着女主角一个人。

志勋：看你兴奋的，你希望你的男朋友是个怎样的人啊？

乐乐：嗯，我希望他是一个诚实、开朗、有主见的人。当然最重要的是他得爱我才行！你希望你的女朋友是个怎样的人呢？

志勋：我希望我的女朋友是一个人品好、温柔体贴的人。

乐乐：你难道不希望自己的女朋友是个美女吗？

志勋：当然不是！如果她要是漂亮、大度、有学识、经济条件也好的话，那就更完美啦！

乐乐：哎呀，要是这么说下去的话，那条件简直是无可挑剔了。

志勋：可不是嘛！这就是我还没找到真正的女朋友的原因。

1　乐乐为什么喜欢电视里面的男主角？

2　乐乐希望自己的男朋友是一个怎样的人？

3　志勋希望自己的女朋友是个怎样的人？

단어학습

- 电视剧[diànshìjù] [명] 텔레비전 드라마
- 红[hóng] [형] 붉다, 빨갛다 [형] 순조롭다, 성공적이다, 인기 있다
- 男主角[nánzhǔjué] [명] 남자 주인공
- 从头到尾[cóng tóu dào wěi] 처음부터 끝까지
- 专一[zhuānyī] [형] 한결같다
- 兴奋[xīngfèn] [형] 흥분하다, 격동하다
- 诚实[chéngshí] [형] 진실하다, 참되다, 성실하다
- 有主见[yǒu zhǔjiàn] 주견이 있다
- 人品[rénpǐn] [명] 인품 [명] 풍채
- 温柔[wēnróu] [형] 부드럽고 상냥하다
- 体贴[tǐtiē] [동] 자상하게 돌보다
- 大度[dàdù] [형] 도량이 넓다, 너그럽다
- 经济条件[jīngjì tiáojiàn] 경제 여건
- 简直[jiǎnzhí] [부] 그야말로, 완전히
- 无可挑剔[wú kě tiāotī] 비판할 여지가 없다
- 完美[wánměi] [형] 완미하다, 매우 훌륭하다, 완전하여 흠잡을 데가 없다

팔선생 표현학습

1 从头到尾他都只爱着女主角一个人。
처음부터 끝까지 그는 여자주인공 한 명만을 사랑하지.

'从······到' 는 '~부터 ~까지' 로 자주 쓰이는 고정격식이다.
* '从头到尾' 를 직역하면 머리부터 꼬리까지라는 뜻으로 '처음부터 끝까지', '시종일관', '하나부터 열까지' 로 해석된다.

[예] 请你从头到尾看一下文件。 서류를 처음부터 끝까지 한번 봐 주십시오.
　　 这件事从头到尾我都没有跟家里人说过。 이 일을 나는 시종일관 식구들에게 말한 적 없다.

2 我希望他是一个诚实、开朗、有主见的人。
나는 그가 성실하고, 밝고, 자기 주관이 뚜렷한 사람이었으면 좋겠어.

사람 성격·스타일을 묘사는 어휘 학습	
有耐心 yǒu nàixīn 인내심이 있다	大方 dàfāng 대범하다 ↔ 胆小 dǎnxiǎo
亲切 qīnqiè 친절하다	幽默 yōumò 유머러스하다
温柔体贴 wēnróu tǐtiē 온유하고 자상하다	善良 shànliáng 선량하다 ↔ 狠毒 hěndú
友善 yǒushàn 다정하다	活泼开朗 huópo kāilǎng 활기차고 밝다
细心 xìxīn 세심하다 ↔ 粗心 cūxīn	勤奋 qínfèn 부지런하다 ↔ 懒惰 lǎnduò

[예] 她是一个活泼可爱的小姑娘。 그녀는 활달하고 귀여운 어린 아가씨이다.
　　 我希望能找到幽默大方的男朋友。 나는 유머러스하고, 대범한 남자친구를 찾기를 원한다.

3 那条件简直是无可挑剔了。 그 조건은 정말 나무랄 데 없이 완벽하구나.

'简直' 는 '정말로, 그야말로' 라는 뜻으로 과장된 의미를 표현하고자 할 때 쓰는 어기부사이다.

[예] 我简直不敢相信, 你的汉语水平提高得这么快!
　　 나는 정말 믿지 못하겠어, 너의 중국어 수준이 이렇게나 빨리 향상되다니!

본문 2

中国的婚礼习俗

中国的婚礼习俗十分繁复,并且各个地方的习俗多少都有些不同。但是有几种是各地都有的。首先,中国人的婚礼中必须要有聘礼嫁妆。聘礼是指男方为了表示诚意送给女方的礼品以及礼金。嫁妆是指女方从娘家带到婆家去的衣被、家具及其他日用品。由于中国各地、各民族的风俗习惯不同,所送的礼金、嫁妆也会不同。其次,在结婚当天,新娘子会坐着轿子从娘家到婆家。但是现在很多地方已经不使用轿子而是改为乘坐轿车了。大部分新娘在结婚的时候都会穿象征喜庆吉祥的红色服装。虽然现在的年轻人也穿白色的婚纱,但是在举行婚宴的时候也一定会换上红色的礼服。婚宴结束后就是"闹洞房"了。一般是由新郎和新娘的朋友们想出各种办法来故意捉弄新婚夫妇。但是因为"闹洞房"的意思是越闹越喜庆,所以主人也不会生气,场面十分有趣。

Question

1. 什么是聘礼和嫁妆?
2. 中国人为什么在结婚的时候穿红色的衣服?
3. "闹洞房"是什么意思?

단어학습

- 婚礼[hūnlǐ] [명] 결혼식, 혼례
- 习俗[xísú] [명] 풍속, 습속
- 繁复[fánfù] [형] 번잡하다, 복잡하다
- 聘礼[pìnlǐ] [명] 약혼할 때 신랑 집에서 신부 집에 보내는 예물, 약혼 예물
- 嫁妆[jiàzhuang] [명] 혼수, 여자가 시집 갈 때 가지고 가는 물품 ≒ 陪嫁 péijià
- 娘家[niángjia] [명] 친정
- 婆家[pójia] [명] 시댁
- 轿子[jiàozi] [명] [옛말] 가마
- 轿车[jiàochē] [명] 승용차
- 象征[xiàngzhēng] [동] 상징하다, 표시하다 [명] 상징, 표시
- 喜庆[xǐqìng] [동] 기쁘게 경축하다 [형] 즐겁고 경사스럽다 [명] 경사스러운 일
- 吉祥[jíxiáng] [형] 상서롭다, 길하다
- 婚纱[hūnshā] [명] 신부 드레스
- 婚宴[hūnyàn] [명] 결혼 피로연
- 闹洞房[nào dòngfáng] (결혼 초야에 친구들이 신방에 몰려가서) 신랑 신부를 놀려 주다
- 故意[gùyì] [부] 고의로, 일부러 [명] 고의
- 捉弄[zhuōnòng] [동] 희롱하다, 농락하다

팔선생 표현학습

1 首先, 中国人的婚礼中必须要有聘礼和嫁妆。
먼저, 중국인의 결혼식 중 반드시 필요한 것은 약혼 예물과 혼수이다.

其次, 在结婚当天, 新娘子会坐着轿子从娘家到婆家。
그 다음으로, 결혼 당일 신부는 가마를 타고 친정 집에서 시댁에 가는 것일 것이다.

> '首先', '其次' 는 '우선 ~하고, 그 다음 ~하다' 로 쓰인다.
> * 자신의 의견을 논리적으로 말할 때 쓰는 방법으로 핵심문장의 의견을 진술할 때 그 의견을 나열하는 방식으로 '首先(처음)', ~ '其次(그 다음)', ~ '另外(그 외)', ~ '总之 (总而言之, 결론) ', 형태로 많이 쓴다.

[예] 我对现在的这份工作还比较满意。 나는 현재의 이 일에 비교적 만족한다.
首先, 我学的就是这个专业。 먼저, 내가 배운 것이 이 전공이다.
其次, 同事们都很喜欢我。 그 다음, 동료들도 나를 좋아한다.
另外, 工资也还算可以, 还有奖金, 收入不错。
그 외, 월급 또한 괜찮은 편이고 보너스도 있어 수입은 좋다.

2 但是因为"闹洞房"意味着"越闹越喜庆", 所以新郎新娘也不会生气。 '闹洞房' 은 '소란을 피울수록 경사스러움' 을 의미하므로 신랑 신부 역시 화를 내지 않는다.

> '意味着' 는 그 자체가 동사(술어)로 '~의미하다, 뜻하다' 로 쓰이며,
> '闹洞房' 은 결혼 첫날 밤에 친구들이 신방에 몰려가서 신랑 신부를 놀려주는 행사를 뜻한다.

[예] 我听说最近毕业就意味着失业。
내가 듣기로는 요즘 졸업은 바로 실업을 의미한다고 한다.
'闹洞房' 是中国传统婚俗, 最早出现于先秦时期。
'闹洞房' 은 중국 전통 결혼 풍습이며, 선진시기에 최초로 시작되었다.

연습문제

1. 대화를 듣고 질문에 대한 알맞은 답을 고르시오.

❶ (　　　　　)

A 收视率很高。

B 收视率很一般。

C 男主角可能长得不怎么样。

❷ (　　　　　)

A 男的不希望自己的女朋友是个美女。

B 男的找女朋友的条件只有一个。

C 男的喜欢人品好、温柔体贴的人。

2. 들려주는 한 단락의 내용을 듣고 묻는 질문에 알맞은 대답을 고르시오.

❶ (　　　　　)

A 中国很多地方的婚礼习俗完全一致。

B 聘礼是指男方为了女方准备的。

C 嫁妆是从娘家带到婆家去的衣被、家具什么的。

❷ (　　　　　)

A 闹洞房的时候，越闹越喜庆。

B 闹洞房一般是由新郎和新娘自己捉弄的。

C 新郎新娘会故意生气的。

3. 다음 밑줄 친 부분에 알맞은 내용을 채워 넣어 대화를 완성하시오.

中国的婚礼习俗十分繁复，并且各个地方的习俗多少都有些不同。但是有些习俗是各地共有的：首先，中国人的婚礼中必须要有聘礼和嫁妆。聘礼是指男方为了表达诚意送给女方的礼品以及礼金。嫁妆是指女方从娘家带
1) 　　　婆家去的衣被、家具及其他日用品。但是由于中国各地、各民族的风俗习惯不同，所送的礼金、嫁妆也会不同。　2) 　　　，在结婚当天，新娘子会坐着

轿子从娘家到婆家。但是现在很多地方已经不使用轿子而是改为乘坐轿车了。大部分新娘在结婚的时候都会穿象征喜庆吉祥的红色服装。虽然现在的年轻人也穿白色的婚纱，但是在举行婚宴的时候也一定会换上红色的礼服。婚宴结束后就是"闹洞房"了。一般是由新郎和新娘的朋友们想出各种办法来故意捉弄新婚夫妇，场面十分有趣。但是因为"闹洞房" 3) "越闹越喜庆"，所以新郎新娘也不会生气。

❶ A 起　　　　B 看　　　　C 开始　　　D 到
❷ A 其实　　　B 其次　　　C 此次　　　D 首先
❸ A 意味着　　B 有意思　　C 有意义　　D 味道好

4. 제시된 단어나 구를 알맞게 배열하여 완전한 문장을 만드시오.

❶ 着　只爱　到尾　他　从头　都　女主角一个人

_____

❷ 那　无可挑剔　了　是　简直　条件

_____

❸ 需要　你们　的　生活　什么样

_____

5. 다음 제시된 단어와 그림을 연관 지어 80자 내외로 중작하시오.

结婚　相爱　善良　幸福　恋爱

_____
_____
_____
_____
_____
_____。

중국문화 산책

중국의 전통 혼례의 마지막 절차 – 闹洞房

중국에는 결혼식날 저녁 신혼부부가 취침하러 들어갈 때 신랑과 신부를 놀려주는 풍속이 있는데 이것을 '闹洞房'이라고 한다. 중국의 각 지역마다 또 민족에 따라 그 형식은 조금씩 다르지만 '신혼부부를 놀려주기' 위한 목적은 동일하다. 예를 들어, 칭하이(青海)에서는 신랑을 막대기로 때리고, 신부는 바늘로 찔러서 놀려주는데 이러한 행사는 특이하면서 무섭기까지 한다.

언뜻 보이기에는 저속하고 교양 없이 보이는 이러한 '闹洞房' 뒤에는 그만의 합리성을 가지고 있다고 한다. 옛날에는 남녀가 어린 나이에 결혼을 했으며, 결혼식 날 밤이 되어서야 신랑과 신부가 서로의 얼굴을 확인할 수 있었기 때문에 서로에 대해 많이 어색한 상태였다. 이와 같은 어색함을 없애기 위해서 조금은 야만스럽고 극단적인 방법을 썼던 것이 유래가 되어 지금은 결혼식 후 재미있는 놀이로 자리 잡았다.

사회가 발전하면서 예전과 달리 대부분의 남녀는 자유 연애 방식을 통해 부부의 연을 맺는다. 하지만 전통적인 풍속인 '闹洞房'은 지금까지 이어져 내려와 결혼식의 흥겨운 분위기를 고조시키고 있다.

要是我们将来能顺利地就业就好了。

우리가 앞으로 순조롭게 취업이 된다면 좋겠어요.

❶ 상대방에게 충고의 메시지를 전달할 수 있다.
❷ 두 대상의 특징을 비교하여 묘사할 수 있다.

 ● 자신이 생각하는 이상적인 회사는 어떤 모습인가요?

본문1

理想职业

明伟：乐乐，你听说了吗？IBM公司要来咱们学校开招聘说明会了。

乐乐：是吗？什么时候啊？

明伟：好像是这个星期三下午两点，在1号教学楼的阶梯教室。

乐乐：听说最近毕业就意味着失业，如果我们将来能顺利地就业就好了。

明伟：是啊，现在找工作比以前难多了。你以后想做什么工作？

乐乐：其实我小时候的理想是当一名医生，我觉得医生能帮助病人解除痛苦，十分伟大。

明伟：那你现在怎么学了文科啊？

乐乐：别提了，我的化学成绩不太好，所以就学了文科。现在我的理想职业是做一名老师。

明伟：当老师确实挺不错的，不仅能把自己掌握的知识传授给学生，每年还有两个长假期呢！

乐乐：不过这还只是我的理想而已。要想实现这个理想，我还得加把劲儿呢！

明伟：没错，加油！"世上无难事，只怕有心人！"

1　乐乐小时候的理想是什么？为什么有这样的理想？

2　乐乐现在的理想是什么？明伟觉得这个职业怎么样？

3　说说你自己的理想职业是什么？

단어학습

* 招聘[zhāopìn] [동] 모집하다, 채용하다 ↔ 应聘[yìngpìn] 지원하다
* 说明会[shuōmínghuì] 설명회
* 阶梯[jiētī] [명] 층계, 계단, 섬돌
* 失业[shīyè] [동] 직업을 잃다 ↔ 就业
* 顺利[shùnlì] [형] 순조롭다, 일이 잘 되어가다
* 解除[jiěchú] [동] 없애다, 해소하다
* 痛苦[tòngkǔ] [명] 고통, 아픔, 비통
* 文科[wénkē] [명] 문과 ↔ 理科[lǐkē] 이과
* 掌握[zhǎngwò] [동] 숙달하다, 정통하다
  * ~知识(지식), ~技术(기술), ~外语(외국어) 등
* 传授[chuánshòu] [동] 전수하다, 가르치다 * ~技术(기술), ~经验(경험)
* 实现[shíxiàn] [동] 실현하다, 달성하다
* 加把劲儿[jiā bǎ jìnr] 힘을 내라
  * 여기서 '把'는 양사로 '일단', '얼마간'의 의미로 추상적인 대상에 쓰임
* 世上无难事, 只怕有心人 [shì shàng wú nán shì, zhǐ pà yǒu xīn rén] [성어] 하려는 마음이 있으면 그 어떤 곤란도 극복할 수 있음을 이르는 말.

팔선생 표현학습

1 现在找工作比以前难多了。 현재 직장 구하는 것이 예전에 비해서 훨씬 어려워졌지.

전치사 '比'는 비교문에서 'A比B+형용사'의 구조로 쓰이며, 형용사 뒤에 수량보어 '多了', '得多', '一点儿' 등의 구체적인 차이를 나타내는 말이 올 수 있다.
A比B + [비교 내용] + [구체적 차이]
       형용사   多了/得多, 一点/一些, 수량사

[예] 我比你高多了。/ 我比你高得多。 내가 너보다 훨씬 크다.
    我比你高一点儿。/ 我比你高一些。 내가 너보다 약간 크다.
    我比你高五厘米。 내가 너보다 5cm크다.

2 不过这还只是我的理想而已。 그런데 이것은 단지 내 꿈일 뿐이야.

부사 '只是'는 어기조사 '而已(罢了)'와 함께 쓰여 '단지 ~ 할 뿐이다'라는 의미를 나타낸다.

[예] 我只是跟你开个玩笑而已。 나는 단지 너에게 농담 한 번 했을 뿐이야.
    我只是随便说说罢了。 나는 단지 자유로이 말했을 뿐입니다.

3 要想实现这个理想, 我还得加把劲儿呢! 이 꿈을 이루려면, 나는 아직 힘을 내야 해!

劲儿을 이용한 다양한 표현
'劲儿'은 '힘'이라는 뜻의 명사로 구어에서 다양하게 사용된다.
* 加把劲儿[jiā bǎ jìnr]은 '힘[기운]을 내라!' * 一个劲儿 [부] 시종일관
* 使劲儿 힘내! 힘껏   * 有劲儿 힘이 있다, 재미있다 ↔ 没劲儿 힘이 없다, 재미없다

[예] 大家, 请再加把劲儿! 여러분, 다시 힘을 냅시다!
    生活真是没劲儿。 사는 것이 진짜 재미없다.

본문2 职场文化

　　每一个企业都有自己独特的风格，不同的工作环境形成不同的职场文化。欧美企业重视员工的个性，所以管理风格比较轻松、人性化；日本、韩国企业等级制度分明，人人都谦逊礼貌；而中国的职场文化就显得很独特，看起来没有什么特别的规定，但其实里面也有着一些基本礼仪。如果你和领导两个人在一起的时候，那么你应该走在领导的后边或者左边。如果你是一位女性，那么你的穿着和打扮不能太漂亮，以免超过领导。在外应酬时，要等客人在主座坐好后，你才能坐下。吃饭的时候，如果饭桌上有鱼，应该将鱼头朝向客人摆放，表示尊重。不过，在大部分情况下，中国的职场文化是比较轻松的。属下甚至可以在领导面前抽烟，和领导开开小玩笑。

1　欧美、日本、韩国的职场文化各自是怎样的？
2　中国的职场文化中有哪些基本礼仪？
3　你知道哪些职场文化？

- 独特[dútè] [형] 독특하다, 특별하다
- 风格[fēnggé] [명] 성격, 기질, 스타일, 풍격
- 职场[zhíchǎng] [명] 직장, 일터
- 人性[rénxìng] [명] 인간의 본성, 인간성
- 谦逊礼貌[qiānxùn lǐmào] 겸손하고 예의 바르다
- 显得[xiǎnde] [동] ~하게 보이다, 분명히 ~이다
- 规定[guīdìng] [동] 규정하다, 정하다 [명] 규정, 규칙
- 穿着[chuānzhuó] [명] 옷차림, 차림새
- 以免[yǐmiǎn] [접] ~하지 않도록, ~않기 위해서
- 领导[lǐngdǎo] [동] 지도하다, 영도하다 [명] 영도자, 지도자, 리더
- 应酬[yìngchou] [동] 응대하다, 접대하다 [명] 연회, 파티, 모임
- 朝向[cháoxiàng] [명] 마주하는 방향 [동] ~(으)로 향하다
- 摆放[bǎifàng] [동] 진열하다, 배열하다
- 尊重[zūnzhòng] [동] 중시하다 [형] 정중하다, 점잖다

팔선생 표현학습

1 中国的职场文化就显得很独特。 중국의 직장문화는 아주 독특해 보인다.

> 동사 '显得'는 어떤 상황이나 상태로 보여진다는 뜻으로 쓰인다.
> * 뒤에는 주로 상태를 나타내는 술어가 목적어로 온다. : 显得+상태를 나타내는 목적어

[예] 姑姑的表情显得有些无奈。 고모의 표정은 약간 어찌 할 바를 몰라 보였다.
　　 头发染成棕色, 显得比以前更漂亮。 머리를 갈색으로 염색하니 예전보다 더 예뻐 보인다.

2 你的穿着和打扮不能太漂亮, 以免超过领导。
당신의 옷차림과 화장이 상사를 뛰어 넘을 정도로 예뻐서는 안 된다.

> 접속사 '以免'은 '~하지 않도록'의 뜻으로, 뒤에 예방하고자 하는 일이 온다.
> * 보통 두 번째 술어 앞에 쓰이며, 유사한 표현으로는 '免得', '省得' 등이 있다.

[예] 要注意交通安全, 以免发生危险。 위험이 발생하지 않도록 교통안전에 주의하십시오.
　　 最后再提醒一下儿, 免得你忘了。 네가 잊어먹지 않도록 마지막으로 다시 한 번 당부할게.

3 应该将鱼头朝向客人摆放, 表示尊重。
생선머리를 손님을 향해 놓아야 하며 이는 존중을 표시한다.

> '朝'와 '向'은 단독으로 전치사로 쓰여 '~향하여, ~쪽으로'의 의미를 지니며, 결합해 쓰일 때도 같은 의미로 전치사, 동사, 명사 형태로 쓰인다.

[예] [전치사] 朝向大街的方向跑去了。 큰 길 방향으로 달려갔다.
　　 [동사] 像向日葵这种花总是朝向太阳。 해바라기와 같은 꽃은 언제나 해를 향하고 있다.
　　 [명사] 这套房子价格不错, 只是朝向不太理想。
　　　　　　이 집은 가격은 괜찮지만, 단지 방향이 그다지 별로다.

연습문제

1. 대화를 듣고 질문에 대한 알맞은 답을 고르시오.

❶ (   )

A 开招聘说明会

B 参加全校运动会

C 参加公司聚会

❷ (   )

A 医生

B 化学家

C 老师

2. 들려주는 한 단락의 내용을 듣고 묻는 질문에 알맞은 대답을 고르시오.

❶ (   )

A 管理风格比较轻松、人性化

B 重视员工的个性

C 人人都谦逊礼貌

❷ (   )

A 没有什么规定, 没有其本礼仪

B 属下不能在领导面前抽烟, 和领导开玩笑

C 和领导走的话, 你应该走在领导的后边或者左边

3. 아래의 밑줄 친 부분에 알맞은 답을 고르시오.

> 　　每一个企业都有自己独特的风格, 不同的工作环境会形成不同的职场文化。欧美企业重视员工的个性, 所以管理风格比较轻松、人性化; 日本、韩国企业等级制度分明, 人人都谦逊礼貌; 而中国的职场文化就　1)　很独特, 看起来没有什么特别的规定, 但其实里面也有着一些基本礼仪。如果你和领导两个人在一起走, 那么你应该走在领导的后边或者左边。如果你是一位女性, 那么你的穿着和打扮不能太漂亮,　2)　超过领导。在外应酬时, 要等客

人在主座坐好后，你才能坐下。吃饭的时候，如果饭桌上有鱼，应该将鱼头朝向客人摆放，表示　3)　　。不过，在大部分情况下，中国的职场文化是比较轻松的。属下甚至可以在领导面前抽烟，和领导开开小玩笑。

❶ A 表情　　　B 表示　　　C 显示　　　D 显得
❷ A 以免　　　B 一边　　　C 以便　　　D 顺便
❸ A 生气　　　B 尊重　　　C 看不起　　D 喜爱

4. 제시된 단어나 구를 알맞게 배열하여 완전한 문장을 만드시오.

❶ 工作　现在　找　多了　以前　难　比

_____

❷ 我的　不过　而已　这　还　理想　只是

_____

❸ 这个理想　要想　加把劲儿　实现　我　呢　还得

_____，_____！

5. 다음 제시된 단어와 그림을 연관 지어 80자 내외로 중작하시오.

就业　公司　失败　参加　简历

중국문화 산책

읽을 만한 중국 근대 소설 – 노신의 《阿Q正传 아큐정전》

　　근대 중국의 작가 노신(鲁迅, 1881~1936)은 1918년 잡지 《신청년(新靑年)》을 모체로 전개된 문학혁명에 참가하여 러시아의 작가 고골리(N.V. Gogol')의 《광인일기(狂人日記)》에서 힌트를 얻어 쓴 소설 《광인일기》를 발표하면서 유가적 예교(礼敎)의 폐해와 봉건적 가족제도를 '사람 잡아먹는 사회(吃人的社会)' 라고 공격하였다.

　　그의 작품 가운데 1921년부터 북경의 《신보(晨報)》 부록에 연재되었다가 후일 단편집 《납함(呐喊)》에 수록된 소설 《아큐정전(阿Q傳)》은 그의 대표작으로 신해혁명 전후 시기의 농촌을 배경으로 인간의 이중적 정신구조를 희화화(戱畵化)한 소설이다. 그 내용을 간략하면 이렇다.

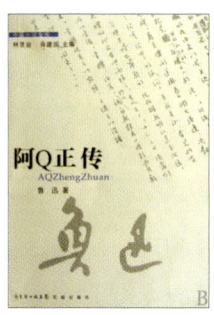 

　　아큐는 성도 이름도 분명치 않은 떠돌이다. 그는 거처도 일정치 않고 마을의 지주 조가(趙家)의 집에서 허드렛일이나 하며 날품팔이로 사는 무지한 하층민이다. 그는 모욕을 당하거나 매를 맞아도 저항할 줄 모르고 오히려 자신이 정신적으로 승리했다고 생각한다. 도박으로 돈을 잃어도 자신이 정신적으로 승리했다고 생각하는데 이것이 '정신 승리법' 이다.

　　당시의 중국인들은 신해혁명의 좌절과 사회 혼란으로 심한 정신적 갈등을 겪고 있었으므로 자신이 아큐의 모델이 된 것으로 생각하는 사람이 많았다고 한다. 그러고 보면 현실을 인정하고 싶지 않은 치인(癡人)적 심리상태를 노신은 '정신 승리법' 으로 예리하게 풍자했던 것이다.

　　혁명군이 마을에 들어오자 아큐는 혁명이 무엇인지도 모른 채 혁명당원을 자처하게 되는데 그것도 정신 승리법의 한 가지 방법이다. 그러나 혁명군은 물러가고 말았다. 어느 날 밤 지주 조가(趙家)의 집이 습격을 당했다. 누군가의 밀고에 의해 아큐는 조가의 집을 습격했다는 누명을 쓰고 체포된다. 일생에서 처음이자 마지막으로 붓을 든 그는 무슨 뜻인지도 모른 채 서명 란에 동그라미를 그린다. 끝내 도둑으로 몰려 군중이 지켜보는 가운데 총살되어 아큐의 일생은 싱겁게 끝이 난다.

　　노신은 아큐의 '정신승리법' 을 통해 자신을 감싸고 있는 위기와 불안, 실패를 알고도 그것을 이겨내려 하지 않고, 정신 속으로 달아나 그 속에서 위안과 만족을 얻어 현실을 외면해 버리는 당시 중국인의 심리를 묘사했다. 그는 이를 통해 당시 중화 사상에 빠져 자신을 제대로 돌아보지 못하는 중국인들의 현 모습을 소설을 통해 날카롭게 끄집어 내고자 했던 것이다.

제 5과 茶叶有哪些功效啊?

찻잎은 어떤 효능이 있어요?

❶ 들은 내용을 정리하여 다시 말하기를 할 수 있다.
❷ 근거를 제시하여 의견을 주장할 수 있다.

 • 당신은 즐겨 마시는 차가 있나요? 어떤 차를 가장 좋아하나요?

본문1

茶叶的功效

小　金：智慧，你知道世界三大无酒精饮料是什么吗？

李智慧：当然知道啦，是咖啡、可可和茶嘛。

小　金：没错，那你对茶有什么了解呢？

李智慧：这个我还真不太懂。中国人那么喜欢喝茶，
要不你给我介绍介绍吧。

小　金：我也是最近才开始了解茶的。
现在大部分年轻人都更喜欢喝咖啡。

李智慧：是啊，我也觉得茶叶的味道很苦。不是特别喜欢。

小　金：其实，茶叶不仅可以作为一种饮料，而且有很大的药用价值呢。

李智慧：是吗？茶叶都有哪些功效啊？

小　金：茶叶中的生物碱可以促进新陈代谢，帮助消化，
对油脂有分解作用。还含有多种维生素以及微量元素呢。

李智慧：哦，怪不得中国人特别喜欢喝茶。

小　金：没错，喝茶还可以消除疲劳，让人精神振作。

李智慧：这一点和咖啡很相似，所以大家都说不能在睡前喝茶啊。

1　世界三大无酒精饮料是什么？你最喜欢哪一种？

2　中国人为什么喜欢喝茶？

3　为什么不能在睡前喝茶？

단어학습

- 无[wú] [동] 없다 [부] ~이 아니다
- 酒精[jiǔjīng] [명] 알코올
- 可可[kěkě] [명] 코코아(cocoa)
- 药用[yàoyòng] [명] 약용
- 价值[jiàzhí] [명] 가치
- 功效[gōngxiào] [명] 효능, 효과
- 生物碱[shēngwùjiǎn] [명] 알칼로이드
- 新陈代谢[xīnchén dàixiè] 신진 대사, 물질 대사
- 促进[cùjìn] [동] 촉진시키다, 촉진하다
- 消化[xiāohuà] [동] 소화하다
- 油脂[yóuzhī] [명] 유지, 지방
- 分解[fēnjiě] [동] 분해하다
- 维生素[wéishēngsù] [명] 비타민(vitamin)
- 微量[wēiliàng] 미량, 적은 분량
- 元素[yuánsù] 화학 원소의 약칭
- 消除[xiāochú] [동] 없애다, 해소하다
- 疲劳[píláo] [형] 피곤하다, 지치다
- 振作[zhènzuò] [형] 정신을 차리다, 활기를 찾다
  * 振作精神 정신을 가다듬다
- 相似[xiāngsì] [형] 닮다, 비슷하다, 근사하다

팔선생 표현학습

1 ······还含有多种维生素以及微量元素呢。
게다가 많은 종류의 비타민과 미량 원소를 함유하고 있다.

> '以及'는 접속사로 병렬관계의 단어나 구를 연결한다.
> * '以及' 뒤에는 앞에 제시된 것보다 더 넓은 범위, 시간적으로 뒤에 발생한 일이 나온다.

[예] 我已经忘了怎么和他认识的, 以及我怎么爱上了他。
나는 그와 어떻게 알게 되었는지, 내가 그를 어떻게 사랑하게 되었는지 이미 잊었다.
他不得不告诉她自己的名字、年龄、职业、以及手机号码。
그는 어쩔 수 없이 그녀에게 자신의 이름, 나이, 직업과 더불어 전화번호까지 알려줬다.

2 怪不得中国人特别喜欢喝茶。
어쩐지 중국인이 특히 차 마시는 걸 좋아하더라니까.

> '怪不得'는 부사로 '과연, 어쩐지'의 의미이며, 뒤에 특정 원인에 대한 결과가 나온다.
> * 문장 내에서는 '怪不得+결과, (原来+원인)' 형태로 많이 쓰이며, 원인이 앞에 나오기도 한다.
>   본문에서는 '原来茶叶功效真不少.'가 생략되어 쓰였다.

[예] 怪不得他昨天没来参加聚会, 原来他病了!
어쩐지 그가 어제 모임에 참가하지 않았다라니, 알고 보니 병이 났었군!
天气预报说今晚有雨, 怪不得这么闷热。
일기예보에서 말하길 오늘 저녁에 비가 내린다 했는데 어쩐지 이렇게 후덥지근하더라니까.

본문2
茶与日常生活

　　中国人常常说"开门七件事，柴米油盐酱醋茶"。从这句俗语当中，我们就可以知道，茶在中国人的日常生活中占有多么重要地位。中国人喝茶的历史十分悠久。但是最初，茶是作为食物和药材使用的。到后来才渐渐成为一种饮料。茶不仅有强身保健的功效，而且也可以发展为一门艺术，来陶冶情操。如果你去一位中国人家里做客，他一定会先端上来一杯热茶招待你。在客人和主人交谈的时候，主人会给客人的茶杯中添水，表示关心。不过要是天色已晚，主人还要给你的茶杯中添水，让你喝茶的话，你就应该赶快告辞了。这是中国的一种约定俗成的惯例，叫做"端茶送客"。除了饮用，在很多种食品中也使用茶叶调味。比如说茶叶蛋、茶叶面条等等。这些食品不仅口味独特，而且对人体健康十分有益。

1 中国人说的"开门七件事"指的是什么？

2 什么叫做"端茶送客"？

3 你知道哪些用茶叶做成的饮食？

단어학습

- 柴米油盐酱醋茶 [chái mǐ yóu yán jiàng cù chá] [명] 땔나무와 쌀, 기름, 소금, 된장, 식초, 차
  * 옛날 생활 필수품을 뜻하는 말 (开门七件事)
- 占(重要的)地位 [zhàn(zhòngyào de) dìwèi] 지위를 차지하다
- 俗语 [súyǔ] [명] 속어, 속담
- 悠久 [yōujiǔ] [형] 유구하다, 장구하다
- 药材 [yàocái] [명] (중의학의) 약재, 약종
- 渐渐 [jiànjiàn] [부] 점점, 점차
- 陶冶 [táoyě] [동] 도기를 굽고, 쇠붙이를 제련하다 [동] 도야하다, 갈고 닦다
- 情操 [qíngcāo] [명] 지조, 정서
- 端 [duān] [동] 받들다, 받쳐 들다
- 添 [tiān] [동] 첨가하다, 보태다
- 招待 [zhāodài] [동] 접대하다, 환대하다
- 告辞 [gàocí] [동] 작별 인사를 하다
- 约定俗成 [yuēdìng súchéng] 일반 대중에 의해 인정되다
- 惯例 [guànlì] [명] 관례, 관행
- 调味 [tiáowèi] [동] 맛을 조절하다

팔선생 표현학습

1 中国人常常说 "开门七件事, 柴米油盐酱醋茶"。
중국인은 '기본 생활 필수품으로, 땔나무, 쌀, 기름, 소금, 간장, 식초, 차' 를 자주 말한다.

> '开门七件事' 는 '문을 열면 마주하게 되는 7가지 일' 이라는 뜻으로 생활 필수품을 뜻한다.
> * 여기서 주목할 점은 '차(茶)' 도 7가지 안에 포함되었다는 사실이다.
> * 아래의 문장에서도 중국인이 차를 얼마나 중시했는지 알 수 있다.

[예] 一日无茶则滞, 三日无茶则病。
하루라도 차를 마시지 않으면 체하고, 삼 일을 마시지 않으면 병이 난다.
宁可三日无粮, 不可一日无茶。
차라리 삼일 동안 식량이 없는 게 낫지 차는 하루라도 없어서는 안 된다.
茶好客自来。 좋은 차가 있으면 손님이 오기 마련이다.

2 到后来才渐渐成为一种饮料。 나중에서야 점차 일종의 음료수가 되었다.

> '渐渐' 은 부사로 '점점, 점차' 의 의미이며, 정도나 수량이 시간의 이동에 따라 천천히 변화됨을 나타낸다. * 변화를 나타내기 때문에 문미에 어기조사 '了' 가 함께 오는 경우가 많다.

[예] 过了十月, 天渐渐冷起来了, 人们都穿上了毛衣。
10월이 지나니 날씨가 점점 추워졌다. 사람들은 모두 스웨터를 입었다.
渐渐地, 他被舞台上的精彩表演吸引住了。
점차, 그는 무대 위의 훌륭한 공연에 의해 매료되었다.

3 除了饮用, 在很多种食品中也使用茶叶调味。
음료 외에, 많은 식품 중에서 찻잎으로 맛을 낸 것이 있다.

茶叶鸡蛋

茶叶面条

茶叶蛋糕

茶叶冰淇淋

연습문제

1. 대화를 듣고 질문에 대한 알맞은 답을 고르시오.

   ❶ (   )
   A 咖啡
   B 茶
   C 橙子

   ❷ (   )
   A 喝茶可以促进新陈代谢, 帮助消化
   B 喝茶还可以消除疲劳, 让人精神振作
   C 在睡前喝茶对睡眠很有帮助

2. 들려주는 한 단락의 내용을 듣고 묻는 질문에 알맞은 대답을 고르시오.

   ❶ (   )
   A 糖
   B 醋
   C 盐

   ❷ (   )
   A 茶原来是饮料, 后来才渐渐成为一种药材。
   B 天色已晚, 主人还要给你的茶杯中添水, 让你喝茶, 表示关心。
   C 很多种食品中也使用茶叶调味。

3. 아래의 밑줄 친 부분에 알맞은 답을 고르시오.

   中国人常常说"开门七件事, 柴米油盐酱醋茶"。从这句俗语当中, 我们就可以知道, 茶在中国人的日常生活中占有多么重要 1) 。中国人喝茶的历史十分悠久。但是最初, 茶是作为食物和药材使用的。到后来才 2) 成为一种饮料。茶不仅有强身保健的功效, 而且也可以发展为一门艺术, 来陶冶情操。如果你去一位中国人家里做客, 他一定会先 3) 一杯热茶招待你。在客人和主人交谈的时候, 主人会给客人的茶杯中添水, 表示关心。不过要是天色已晚，主人还要给你的茶杯中添水，让你喝茶的话，你就应该赶快告辞了。这是中国的一种约定俗成的惯例，叫做"端茶送客"。除了饮用，在很多种食品中也使用茶叶调味。比如说茶叶蛋、茶叶面条等等。这些食品不仅口味独特，而且对人体健康十分有益。

❶ A 地理　　　B 财富　　　C 机构　　　D 地位
❷ A 仍然　　　B 渐渐　　　C 突然　　　D 然而
❸ A 端上来　　B 听出来　　C 站起来　　D 醒过来

4. 제시된 단어나 구를 알맞게 배열하여 완전한 문장을 만드시오.

❶ 更　喝咖啡　大部分　现在　都　喜欢　年轻人　毕竟

❷ 帮助　有　吃　疲劳　很　维生素C　对　解除

❸ 这么　怪不得　天气预报　说　今晚　闷热　有雨

5. 다음 제시된 단어와 그림을 연관 지어 80자 내외로 중작하시오.

喜欢　喝茶　浓　过于　清淡

중국문화 산책

한국인에게 가장 인기가 좋은 보이차(普洱茶)

중국에는 차의 종류도 많고, 지역마다 즐겨 마시는 차도 다르다. 일반적으로 음식에 기름기가 많은 남방에서는 담백하면서도 씁쓰레한 녹차 계열을 즐겨 마시고, 북쪽 사람들은 향기가 강하고 뜨거운 성분을 가진 화차를 즐겨 마신다. 유럽에서 홍차를 즐겨 마시는 이유가 중국과 차 교역을 시작했을 때 녹차를 먼 거리로 이동해 오는 동안 숙성해서 홍차가 되었다는 설이 있다.

한국에서는 가장 인기 있는 차는 발효차의 대표적인 보이차(普洱茶)이다. 사실 김치, 고추장, 젓갈, 술 등 발효문화가 발달한 한국에서 중국 발효차가 인기를 끄는 것은 그리 놀라운 일이 아니다. 찬 성질을 가진 녹차와 상반되는 보이차는 차의 성질이 따뜻하여 환절기에 끓는 물에 뜨겁게 우려내 겨울에 마시면 몸을 따뜻하게 할 수 있다. 또한 지방분해 및 콜레스테롤 감소가 뛰어나기 때문에 일명 '다이어트차(减肥茶)' 로도 알려져 있으며 혈압을 내리고, 동맥경화 예방, 흡연자에게도 효과적인 것으로 알려져 있다.

보이차는 크게 생차(生茶)와 숙차(熟茶)로 나뉘는데 한국에서 주로 판매되는 것은 숙차다. 생차는 잎을 딴 후 일광 건조하고 비비는 과정을 거쳐 증기를 쏘인 후 긴 시간을 둔 후에 숙성한 차로 자연방식으로 발효시킨 것이다. 생차는 발효기간이 비교적 짧기 때문에 마실 때 자극적이고 비교적 칼칼하지만 개운한 뒷맛을 남긴다.

숙차는 말리고 비비고 찌는 과정을 몇 차례 되풀이해 발효 속도를 높이기도 하고, 말리고 비빈 찻잎 더미에 물을 뿌리고 마포를 덮어 인공 숙성한 것을 말한다. 숙차는 생차보다 색깔이 더 짙을 뿐만 아니라 더욱 구수한 맛을 낸다. 물론 두 차 모두 발효기간이 길수록 그 값어치는 증가한다.
하지만 차 본래의 성질에 가치를 두는 사람들은 여전히 보이차보다 찻잎의 맛과 향이 그대로 느껴지는 녹차에 더 큰 가치를 부여한다.

제9과

慢性子和急性子还真是各有各的长处呢。

성격이 급한 사람과 느긋한 사람은 각각 장점이 있군요.

❶ 수식어를 활용하여 성격을 묘사할 수 있다.
❷ 사실에 대한 내용을 설명하거나 묘사할 수 있다.

● 위의 상황을 한 명씩 돌아가면서 묘사해 봅시다.

본문1

公司同事

李部长：豪镇，今天是你第一天上班。我先带你熟悉熟悉公司环境吧。

豪　镇：那就太谢谢您啦，李部长。

李部长：别客气，从今天起咱们就是同事了，以后还得相互多关照呢。

豪　镇：我什么都不懂，还请你多帮帮我。对了，咱们部门都有哪些人啊？

李部长：咱们海外事业部加上你一共有5个人，除了我以外，还有张平、王童和林小雪。

豪　镇：一下子有了这么多新同事，还真是挺新鲜的。不过也有点担心，不知道大家欢不欢迎我。

李部长：嗨，你就别担心了。咱们部门的同事性格都很好，关系特别融洽。他们也都很期待你来呢。

豪　镇：我这个人有点儿内向，希望能和大家快点熟悉起来。

李部长：嗯，张平、王童还有林小雪的性格都属于外向型，算是"自来熟"吧。不过张平和王童性子比较急，做什么都希望快一些。而小雪是个慢性子，工作起来慢条斯理的，经常让张平和王童着急。

豪　镇：我看，慢性子和急性子还真是各有各的长处呢。

李部长：没错，我们要取长补短嘛。

豪　镇：说了这么多，还没说说您自己的性格怎么样呢。

1　豪镇的部门同事都有谁？性格怎么样？

2　豪镇为什么觉得有些担心？

3　你觉得急性子和慢性子哪个更好？为什么？

단어학습

- *熟悉 [shúxī] [형] 잘 알다, 익숙하다
  [동] 분명하게 이해하다, 파악하다
- *从……起 ~부터 시작해서
- *相互 [xiānghù] [부] 서로간, 피차
- *关照 [guānzhào] [동] 돌보다, 협력하다
- *一下子 [yíxiàzi] 단시간에, 갑자기
- *融洽 [róngqià] [형] 사이가 좋다, 조화롭다
- *感情融洽 마음이 맞다
- *意见融洽 의견이 맞다
- *关系融洽 사이가 좋다
- *期待 [qīdài] [명] 기대
  [동] 기대하다, 바라다
- *内向 [nèixiàng] [형] 내성적이다, 내향적이다
- *属于 [shǔyú] [동] ~에 속하다, ~의 소유이다
- *外向型 [wàixiàngxíng] [명] 외향형
- *自来熟 [zìláishú] 사교성이 좋은 사람
- *慢性子 [mànxìngzi] 성격이 느긋한 사람 ↔ 急性子 jíxìngzi
- *慢条斯理 [màn tiáo sī lǐ] 침착하다, 태연작약하다
- *细心 [xìxīn] [형] 세심하다, 면밀하다
- *长处 [chángchù] [명] 장점 ↔ 短处
- *取长补短 [qǔcháng bǔduǎn] 장점을 취하고 단점을 보완하다

팔선생 표현학습

1 一下子有了这么多新同事，还真是挺新鲜的。
갑자기 이렇게 많은 새로운 동료가 생기니, 진짜 새롭네요.

'一下子' 는 '갑자기, 단시간' 이라는 뜻으로 구어에서 많이 쓰인다. ≒ 一时

[예] 他的那句话一下子把李部长难住了。 그의 한 마디는 단번에 이부장을 곤란하게 만들었다.
那个问题太复杂了，我们不能一下子解决。
그 문제는 너무 복잡해서 우리는 단번에 해결할 수 없다.

2 张平、王童还有林小雪的性格都属于外向型，算是"自来熟"吧。
장핑, 왕통과 린시아오쉐에는 성격이 외향형에 속해서, '친해지기 쉬운 사람' 이라고 볼 수 있지.

'属于' 는 뒤에 나오는 범주에 속한다는 뜻으로 쓰이며, '自来熟' 는 처음 만난 사람과도 오랜 친구처럼 격식을 차리지 않고 거리낌 없이 대화하는 사람(사교성 좋은 사람)을 뜻한다.
褒义와 贬义 색채를 모두 가진다.

[예] 我从来没见过那么自来熟的男生。 나는 그렇게 사교성 좋은 남자를 처음 만나본다.
我真心想知道那个自来熟人心理是一个什么样的状态。
저는 진심으로 그 사교성 좋은 사람의 심리가 어떤 상태인지 알고 싶네요.

3 我们要取长补短嘛。 우리는 장점을 취하고 단점을 보완해야 하지 않겠어요.

'取长补短' 은 '吸取别人的长处, 弥补míbǔ自己不足的短处' 의 뜻으로 다른 사람의 장점을 취하고 자신이 부족한 단점을 보완한다는 의미이다.
* 어기조사 '嘛' 는 상대방에게 긍정 혹은 동의의 의견을 이끌어내기 위해 쓴다.

[예] 父母应当接受并承认孩子之间的差异，帮助孩子学会取长不短。
其实电视上很多东西能跟电影结合在一起，取长补短，互助互爱。

본문2

王府井大街

王府井步行街是具有数百年悠久历史的著名商业区，在北京享有金街的美誉，客流量大约有每天60万人，节假日超过120万人。它位于北京市中心的东长安街北侧，最早形成于元代，距今已经有700多年了。

在清代，这条大街上共建有八座王府和公主府，后来又打出了一口供王府饮用的水井，所以这条大街被称为王府井。在这条大街上有经营古玩字画、丝绸成衣、鞋帽、瓷器、家具、旧书、中西餐馆、小吃店等各种吃、穿、用的店铺。其中一些商品十分有名。比如瑞蚨祥的丝绸、王麻子的剪刀、全聚德的烤鸭、六必居的酱菜，还有天福号的酱肉等等。这些特产都已经成为外地朋友，甚至外国朋友们来北京首选的礼品。现在，王府井大街已经成为外国朋友了解中国的一扇窗口了。

1 王府井大街名字的由来是什么?

2 王府井大街上都经营些什么?

3 你听说过王府井大街的特产吗?

단어학습

- 具有[jùyǒu] [동] 있다, 구비하다
- 著名[zhùmíng] [형] 저명하다, 유명하다
- 享有[xiǎngyǒu] [동] 향유하다, 누리다
- 美誉[měiyù] [명] 명성, 명예
- 客流量[kèliúliàng] [명] 승객들의 유동량
- 水井[shuǐjǐng] [명] 우물
- 王府[wángfǔ] [명] 왕부
  * 봉건 시대 왕족의 저택 지칭
- 经营[jīngyíng] [동] 경영하다
- 古玩[gǔwán] [명] 골동품
- 字画[zìhuà] [명] 서화, 글자와 그림
- 丝绸[sīchóu] [명] [방직] 비단, 명주, 견직물
- 瓷器[cíqì] [명] 자기
- 酱菜[jiàngcài] [명] 된장이나 간장으로 절인 장아찌
- 店铺[diànpù] [명] 상점, 가게, 점포
- 剪刀[jiǎndāo] [명] 가위
- 首选[shǒuxuǎn] [동] 우선 선택하다

팔선생 표현학습

1 在北京享有金街的美誉 베이징에서 골드거리의 명예를 누리고 있다.

'享有'는 동사로 '얻다, 누리다, 향유하다'의 뜻으로 뒤에 목적어로 '명예, 권리' 등이 온다.
* ……盛名(명성)、声誉(명예)、美誉(좋은 평판)
  ……权利(권리)、特权(특권)、优先权(우선권)、著作权(저작권) 등이 목적어로 쓰인다.

[예] 作为一所古老而又开放的学校, 在当地社会享有良好的声誉。
(전통은) 오래되었으나 (생각이) 젊은 학교로 현지 사회에서 좋은 명예를 누린다.
作为消费者, 我们享有哪些权利? 소비자로서 우리는 어떤 권리를 누리는가?

2 后来又打出了一口供王府饮用的水井……
후에 왕부에 마실 물을 제공하기 위해 우물을 팠다.

'后来'는 부사로 '(그) 후, 그 뒤에'의 의미로 어느 정도 시간이 경과한 후 사건의 경과나 추이를 부수적으로 설명할 때 쓰인다.

[예] 我家里一直反对, 后来没办法, 也只好同意了。
집에서 계속 반대했으나, 나중에 달리 방법이 없자 어쩔 수 없이 동의했다.
他本来不想跟李明一起去, 后来还是跟他一起去了。
그는 본래 리밍과 함께 갈 생각이 없었으나, 나중에는 결국 그와 함께 갔다.

3 现在, 王府井大街已经成为外国朋友了解中国的一扇窗口了。
현재, 왕푸징거리는 이미 외국인들이 중국을 이해하는 창이 되었다.

본문에서 '一扇窗口(창문 한 짝)'는 비유적인 표현으로,
'成为了解中国的一扇窗口'는 중국을 이해하는 장소 중 한 곳이라는 뜻으로 쓰였다.

[예] 葡萄酒成为了中国人了解法国文化的一扇窗口。
포도주는 중국인이 프랑스문화를 이해하는 창이 되었다.
给学生留一扇窗口, 让学生拥有一片蓝天。
학생들에게 마음의 창을 하나 남겨주어 그들이 푸른 하늘을 품도록 한다.

연습문제

1. 대화를 듣고 질문에 대한 알맞은 답을 고르시오.

❶ (   )

A 豪镇已经熟悉公司环境了。
B 李部长是今天调到新部门来的。
C 豪镇现在在海外事业部工作。

❷ (   )

A 男的属于外向型的人。
B 女的给男的介绍同事的性格。
C 小雪是个急性子的人，工作起来不太细心。

2. 들려주는 한 단락의 내용을 듣고 묻는 질문에 알맞은 대답을 고르시오.

❶ (   )

A 古玩字画、绸缎成衣
B 鞋帽、瓷器
C 数码相机、智慧手机

❷ (   )

A 丝绸、剪刀
B 烤肉、紫菜
C 酱菜、酱肉

3. 다음 밑줄 친 부분에 알맞은 내용을 채워 넣어 대화를 완성하시오.

　　王府井步行街是具有数百年悠久历史的著名商业区，在北京享有金街的 1)＿＿＿＿＿，客流量大约有每天60万人，节假日超过120万人。它位于北京市中心的东长安街北侧，最早形成于元代，距今已经有700多年了。在清代，这条大街上共建有八座王府和公主府， 2)＿＿＿＿＿ 又打出了一口供王府饮用的水井，所以这条大街被称为王府井。在这条大街上有经营古玩字画、绸缎成衣、鞋帽、瓷器、家具、旧书、中西餐馆、小吃店等各种吃、穿、用的店铺。其中一些商品十分有名。比如瑞蚨祥的丝绸、王麻子的剪刀、全聚德的烤鸭、六必居的酱菜，还有天福号的酱肉等等。这些特产都已经成为外地朋友，甚至外国朋友们来北京首选的礼品。现在，王府井大街已经成为外国朋友了解中国的 3) 了。

❶ A 美誉　　　B 美丽　　　C 完美　　　D 完善
❷ A 从来　　　B 未来　　　C 将来　　　D 后来
❸ A 一片绿毯　B 一扇窗口　C 一把年纪　D 一杯咖啡

4. 제시된 단어나 구를 알맞게 배열하여 완전한 문장을 만드시오.

❶ 不　每天　什么　做　都　事儿　着急

_____

❷ 忘　最近　大学同学　不好了　连　我的记性　的名字　了　都

_____，_____

❸ 这家　的　超市　多　够　的东西

_____

5. 다음 제시된 단어와 그림을 연관 지어 80자 내외로 중작하시오.

逛街　充满　尝　喜欢　看看

_____
_____
_____
_____ 。

중국문화 산책

왕푸징 꼬치거리의 먹거리와 볼거리

왕푸징(王府井)은 베이징(北京)의 최대 번화가로서 한눈에 베이징이라는 도시를 볼 수 있는 중요한 거리이다. 호화로운 빌딩과 서민적인 먹거리가 공존하는 왕푸징 거리는 베이징에서 유일하게 도보로 거닐 수 있는 상점가로 한국의 명동과 같은 번화가라고 볼 수 있다.

양쪽에는 신화서점(新华书店), 요우이상점(友谊商店) 같은 옛날 유명 상가들이 있을 뿐만 아니라 최고급 호텔이나 최고급 제과점들도 자리를 잡고 있다. 이 거리는 중국의 가장 유명한 먹거리들이 있는 곳인데 특히 저녁 먹거리 거리에서는 중국의 독특한 꼬치 구이를 볼 수 있다.

왕푸징(王府井)이라는 이름은 700여 년 전 원대 왕조의 여러 기관과 왕족들의 저택인 왕푸(王府)가 많이 있다고 해서 지어진 이름이다. 왕푸에서 사용하던 우물(井)이 있던 길이라 해서 이 거리를 왕푸징(王府井)이라 부른다고 한다. 현재 우물이 있던 장소에는 맨홀형의 기념비가 남아 있다.

베이징을 여행한다면, 왕푸징의 밤거리에서 특이한 먹거리를 맛보기를 추천한다.

제7과

你这几种状况都是心理亚健康状态。

당신의 이러한 몇 가지 상태는 심리적으로 건강하지 못한 상태이다.

❶ 상황에 대한 원인과 결과를 설명할 수 있다.
❷ 비유법을 통해 대상을 묘사할 수 있다.

 ● 당신은 일상 생활에서 즐거움을 찾는 특별한 방법이 있나요?

본문1
让自己心情保持愉快

志勋：文思，你最近在忙什么呢？

文思：没什么特别的事儿，准备写报告呢。你呢？

志勋：我最近觉得很郁闷，每天做什么都提不起兴趣，注意力也不容易集中，有时还会莫名其妙地烦躁。

文思：哦，我知道了。你这几种都是心理亚健康的症状。

志勋：心理亚健康？这是什么病？

文思：这不算是病，但它是一种健康与疾病的过渡状态。一直持续下去的话，也会危害你的身心健康。

志勋：那你有什么好办法能够改善这种情况吗？

文思：我劝你不要总坐在电脑前。背上背包，去旅行一次吧。看看山水，心情自然就好了。

志勋：这是个好办法。我回去就试试。

文思：总之，注意发现生活中的小快乐，让自己心情保持愉快最重要。

1　心理亚健康有哪些症状？

2　有什么办法能够改善心理亚健康的状态呢？

3　说说你在生活中发现的小快乐。

단어학습

* 郁闷[yùmèn] [형] 답답하고 괴롭다, 우울하다
* 注意力[zhùyìlì] [명] 주의력
* 莫名其妙[mò míng qí miào] [성어] 영문을 알 수 없다, 어리둥절하게 하다
* 烦躁[fánzào] [형] 초조하다, 안달하다
* 心理[xīnlǐ] [명] 심리
* 亚健康[yàjiànkāng] [명] 건강한 상태와 질병의 중간 상태, 병은 없지만 몸이 좋지 않은 상태
* 症状[zhèngzhuàng] [명] 증상, 증후
* 疾病[jíbìng] [명] 병, 질병, 고질병
* 过渡[guòdù] [동] 거르다, 여과하다
* 状态[zhuàngtài] [명] 상태
* 危害[wēihài] [명] 손상, 훼손, 손해 [동] 해를 끼치다, 손상시키다
* 身心[shēnxīn] [명] 몸과 마음, 심신
* 摄影[shèyǐng] [동] 사진을 찍다 [동] 영화를 촬영하다

팔선생 표현학습

1 你这几种都是心理亚健康的症状。
이 몇 가지는 모두 심리적으로 아건강(亚健康) 증세이다.

'아건강(亚健康)'은 최근 의학에서 나타난 새로운 용어이다. '亚'는 '다음 가다, 뒤떨어지다'라는 뜻으로 통속적으로 '병 같으면서도 병이 아닌 건강한 상태와 질병의 중간 상태'를 말하는데 '제3상태' 또는 '회색상태'라고도 한다.
* 현대 사회의 스트레스성 일종

[예] 亚健康即指非病非健康的状态。 아건강은 즉 병도 건강한 상태도 아님을 뜻한다.
我想了解产生亚健康的原因和危害性。 나는 아건강의 원인과 위험성에 대해서 알고 싶다.

2 一直持续下去的话, 也会危害你的身心健康。
계속된다면 너의 몸과 마음 건강을 해칠 수 있어.

복합방향보어 '下去'는 파생적 용법으로 '(꾸준히) 지속해 나가다'의 의미를 가진다.
* 자주 결합되는 동사로 '持续, 继续, 坚持' 등이 있다.

[예] 别管我了, 你还是继续看下去吧。 나 상관하지 말고, 계속 봐라.
他激动得说不下去了。 그는 흥분되어 말을 계속하지 못했다.

3 ……让自己心情保持愉快最重要。
~ 스스로 마음을 유쾌하게 유지하는 것이 가장 중요해.

동사 '保持'는 어떤 상황이나 상태를 유지함을 나타낼 때 쓰인다.
* 함께 쓰일 수 있는 목적어로는 '安静/关系/距离/均衡/好作风/姿势' 등이 있다.

[예] 宝宝睡觉的房间最好保持适当的温度、湿度和光线。
아기가 자는 방은 적당한 온도, 습도와 광선을 유지하는 것이 가장 좋다.
图书馆内一定要保持安静。 도서관 내에서는 반드시 정숙을 유지해야 합니다.

본문2

中国人对时间的观念

在中国生活过的外国人经常对一件事感到很困惑。那就是中国人对时间的观念十分宽松。即使公交车经常不能按照时间表准时到站，竟然也没有人因此生气。中国人对时间真这么不在乎吗？其实这也许是由于中国的文化氛围和地理自然条件，才养成了中国人不急不慢的性格。

中西方时间概念的差异是中西文化中的一个突出表现。在西方，人们对时间的观念很精确。但是中国人对时间的观念比较模糊。在日常生活中处处可见此类差异，比如，中国人在拜访朋友或是赶赴约会的时候，有些时候并不是将见面的时间固定在几点几分。而是约定在上午、下午之类的时间段。有的时候中国人和你说"马上到"，其实并不是说他很快就到，而是说"过一段时间"的意思。至于这个"一段时间"是多长，那可就是因人而异了。

Question

1 中国人在见面的时候经常怎么做？

2 中国人常常说的"马上"是什么意思？

3 你觉得中国人的性格为什么这么慢？

단어학습

- **困惑**[kùnhuò] [형] 곤혹하다, 당혹하다 [동] 곤혹스럽게 만들다
- **观念**[guānniàn] [명] 관념, 생각
- **宽松**[kuānsōng] [형] 넓다, 널찍하다 [형] 넉넉하다, 여유가 있다
- **时间表**[shíjiānbiǎo] [명] 시간표 [명] 일정, 스케줄
- **准时**[zhǔnshí] [부] 정시에, 제때에
- **氛围**[fēnwéi] [명] 분위기
- **概念**[gàiniàn] [명] 개념
- **精确**[jīngquè] [형] 정밀하고 확실하다
- **模糊**[móhu] [형] 모호하다, 분명하지 않다 [동] 흐리게 하다, 애매하게 하다
- **可见**[kějiàn] [접속] ~라는 것을 알 수 있다
- **固定**[gùdìng] [형] 고정되다, 불변하다 [동] 고정하다, 정착하다
- **赶赴**[gǎnfù] [동] (어디로) 급히 달려가다
- **因人而异**[yīn rén ér yì] [성어] 사람에 따라 달리 대책(방법)을 세우다

팔선생 표현학습

1 竟然也没有人因此生气。
의외로 아무도 이것으로 화를 내지 않는다.

> 부사 '竟然'은 '뜻밖에도, 의외로'의 의미로 생각지도 못한 일이 발생함을 나타낸다.

[예] 这份工作工资那么高, 表弟<u>竟然</u>不干了。
이 일은 월급이 그렇게 많은데, 사촌동생은 뜻밖에도 사직했다.
真没想到, 我<u>竟然</u>获得金牌了。 정말 생각지도 못했는데 내가 예상 외로 금상을 타다니.

2 中国人对时间真这么不在乎吗?
중국인은 시간에 정말 이렇게 신경을 쓰지 않는 것인가?

> '在乎'는 동사로 '마음에 두다, 개의하다'는 뜻으로 부정형으로 많이 쓰인다.
> * 비슷한 의미로 介意 jièyì가 있다.

[예] 他对这件事一点儿也<u>不在乎</u>。 그는 이 일에 대해 조금도 문제 삼지 않는다.
他装出满<u>不在乎</u>的样子。 그는 조금도 개의치 않는 태도를 보였다.

3 至于这个"一段时间"是多长, 那可就是因人而异了。
이 '어느 정도 시간'이 얼마나 긴지에 대해서는 사람마다 다르다.

> 전치사 '至于'는 '~으로 말하면, ~에 관해서는'의 의미로
> 앞에 제시된 주제의 다른 일면에 대해서 언급하고자 할 때 쓰인다.

[예] 这只是我个人意见罢了, <u>至于</u>别人怎么想, 我就不清楚了。
이건 단지 내 개인적 의견일 뿐이니, 다른 사람이 어떻게 생각하는지에 관해서는 나는 잘 모르겠다.
我做这个工作是因为喜欢, <u>至于</u>报酬, 我不在乎。
나는 이 일을 하는 것이 좋기 때문에, 보수에 관해서는 개의치 않는다.

연습문제

1. 대화를 듣고 질문에 대한 알맞은 답을 고르시오.

❶ (   )

A 每天做什么都很兴奋
B 注意力很容易集中
C 有时还会莫名其妙的烦躁

❷ (   )

A 总坐在电脑前看电影
B 背上背包去旅行
C 得去国外摄影

2. 들려주는 한 단락의 내용을 듣고 묻는 질문에 알맞은 대답을 고르시오.

❶ (   )

A 老师的教训
B 基因的原因
C 地理自然条件

❷ (   )

A 因人而异
B 很快就到
C 一个星期左右

3. 다음 밑줄 친 부분에 알맞은 내용을 채워 넣어 대화를 완성하시오.

> 　　在中国生活过的外国人经常对一件事感到很困惑。那就是中国人对时间的观念十分宽松。即使公交车经常不能按照时间表准时到站，___1)___ 也没有人因此生气。中国人对时间真这么 ___2)___ 吗? 其实这也许是由于中国的文化氛围和地理自然条件，才养成了中国人不急不慢的性格。
> 　　中西方时间概念的差异是中西文化中的一个突出表现。在西方，___3)___ 。

但是中国人对时间的观念比较模糊。在日常生活中处处可见此类差异,比如,中国人在拜访朋友或是赶赴约会的时候,有些时候并不是将见面的时间固定在几点几分。而是约定在上午、下午之类的时间段。有的时候中国人和你说"马上到",其实并不是说他很快就到,而是说"过一段时间"的意思。至于这个"一段时间"是多长,那可就是因人而异了。

❶ A 竟然　　　　B 到底　　　　C 毕竟　　　　D 难道
❷ A 很紧张　　　B 不在乎　　　C 很介意　　　D 急什么
❸ A 人们对时间的观念很精确　　　B 人们对时间的观念十分宽松
　 C 人们对时间的观念很模糊　　　D 人们对时间的观念不太重视

4. 제시된 단어나 구를 알맞게 배열하여 완전한 문장을 만드시오.

❶ 持续　的话　会　危害　一直　下去　你的身心健康　也

_____

❷ 发现　生活中的　注意　快乐

_____,_____

❸ 一定　图书馆　要　保持　内　安静

_____

5. 다음 제시된 단어와 그림을 연관 지어 80자 내외로 중작하시오.

　　　　安静　放松　紧张　工作　生活

중국문화 산책

우수한 양생술 : 태극권(太极拳)

태극권은 몇 백 년 동안 꾸준히 수련한 경험들이 모여서 점차 발전된 건강 수련법이며, 중국 민족의 특성을 지닌 무술 중 하나이다. 특히 건강 단련 면에서 볼 때 신체의 각 내장 기관을 단련시키는 데 태극권만한 것이 없다.

태극권의 동작들은 탄성을 사용하며, 몸과 팔 다리를 길게 펼쳐 유연하면서도 탄력이 있는 동작으로 수련한다. 또한 수련할 때는 반드시 몸을 가볍게 하여 경직된 곳이 없어야 하며 바로 '긴장 완화'가 태극권의 핵심이다. 태극권은 매우 과학적인 원리를 바탕에 두고 있으며, 물리학이나 의학 연구가 그 과학적인 원리를 더한다. 모든 권리(拳理)가 이 속에 있기 때문이다. 중국 무술의 3대 문파(三大門派) 중에서도 태극권이 으뜸이다.

태극권이 범세계적인 관심을 끌며 본격적으로 확산되기 시작한 것은 1980년대 이후이다. 현재 중국에서는 태극권의 문화를 널리 전파시키기 위하여, 국제적으로 태극권의 교류와 발전을 강화시키고 있다. 특히 태극권의 발원지인 중국 허난성 원현(溫縣)에서는 1992년을 시작으로 국제태극권연회(年會)가 개최되어 30여 국가와 지구가 참가하였다.

중국에 가게 되면 아침 공원을 산책하라. 태극권을 수련하는 사람들을 흔히 볼 수 있을 것이다.

제8과 祝贺你乔迁新居!

새로운 집에 이사를 가게 되어서 축하 드려요.

❶ 친구를 초대하거나 칭찬하는 메시지를 전달할 수 있다.
❷ 흐름에 따른 절차와 단계를 설명할 수 있다.

- 당신은 어떤 집에서 살고 싶은가요?
- 살고 싶은 집에 대해서 간단히 묘사해 보세요.

본문1

乔迁新居

乐乐：志勋、小李，快请进！

志勋：乐乐，祝贺你乔迁新居！

乐乐：谢谢，哎呀，你们来就行了，还拿什么东西啊！

志勋：也不知道你喜欢什么，送你一盆吊兰，听说它能够吸收空气中残留的装修有害物质。

乐乐：是吗，那可真是既美观又实用啊！太谢谢你们啦。
快请坐，我给你们倒茶去。

志勋：乐乐，你家可真漂亮啊。房间格局不错，采光也很好。

乐乐：我也是看了好几套房子才决定搬到这儿来的，就是看上了它的采光比较好。

志勋：乐乐，你就别忙了，我们坐坐就走。

乐乐：那怎么行。今天你们来给我温居，一定要在我家吃了饭再走。

志勋：那怎么好意思，太麻烦你了。

乐乐：不麻烦不麻烦，我自己做的家常菜，你们不嫌弃就行。先喝点茶，马上就能开饭了。

志勋：那我们就不客气啦！

1　志勋和小李为什么送给乐乐一盆吊兰？

2　乐乐的家怎么样？

3　志勋和小李最后留下来吃饭了吗？

단어학습

- **乔迁**[qiáoqiān] [동] 더 나은 곳으로 이사하다
- **新居**[xīnjū] [명] 새 집, 새로 이사한 집
  乔迁新居 qiáoqiān xīnjū 새 집으로 이사하다.
- **盆**[pén] [명] 대야, 화분
  [양] 대야·화분 등으로 담는 수량을 세는 데 쓰임
- **吊兰**[diàolán] [명] 접학란, 줄모초
- **残留**[cánliú] [동] 남아 있다
  残留有害物质 유해물질이 남아 있다
- 残留农药 농약이 남아 있다
- **装修**[zhuāngxiū] [동] 장식하고 꾸미다
  [동] 설치하고 수리해 주다
  [명] 내장 설비
- **有害物质**[yǒuhài wùzhì] [명] 유해 물질
- **美观**[měiguān] [형] 보기 좋다, 아름답다
- **实用**[shíyòng] [형] 실용적이다
  [동] 실제로 사용하다
- **格局**[géjú] [명] 짜임새, 구조
- 建筑格局 건설 구도
- 经济格局 경제 구도
- **采光**[cǎiguāng] [명] 채광
- **温居**[wēnjū] [동] 집들이하다
  ≒ 乔迁喜宴 qiáoqiān xǐyàn
- **嫌弃**[xiánqì] [동] 싫어하다, 불쾌하게 생각하다 ↔ 爱慕 àimù
- **开饭**[kāifàn]
  [동] 밥상을 (식사를) 차리다
  [동] (식당에서) 배식을 시작하다

팔선생 표현학습

1 乐乐, 祝贺你乔迁新居!
러러, 새로운 집에 이사오게 된 것을 축하해!

> '祝贺'는 축하 또는 축복을 할 때 쓰이는 동사로 뒤에 명사구 또는 주술구의 목적어를 쓴다.
> * ~生日(생일) ~成功(성공) ~新年(신년) ~新婚(신혼) ~长寿(장수)

[예] 祝贺你们都应聘成功。 너희들 모두 취업에 성공한 것을 축하한다.
　　 祝贺您当爸爸了。 아빠가 되신 것을 축하 드립니다.

2 今天你们来给我温居, 一定要在我家吃了饭再走。
오늘 너희들이 집들이에 왔는데, 꼭 우리집에서 밥 먹고 가야지.

(1) '给 + 대상 + 温居'

> '温居'는 '집들이를 하다'는 의미로 '给+대상+温居'는 '~의 집들이에 참여하다'는 뜻이다.

[예] 搬入新家后会把亲朋好友都邀请过来一起吃顿饭, 一起玩就叫温居。
　　 새 집에 들어간 후, 친지와 친구를 초대해서 같이 밥 먹고 노는 것을 집들이라고 한다.
　　 你觉得给朋友温居送什么礼物好呢? 네가 생각하기에 친구 집들이에 무슨 선물이 좋을까?

(2) '동사1 + 了 + 就/才/再 + 동사2'

> '동사1+了+就/才/再+동사2'는 한 동작이 일어난 후, 다음 동작이 일어나는 상황을 설명할 때 쓰인다.　* '了' 대신에 결과보어(完/好)를 써도 같은 의미로 쓰인다.

[예] 我和妻子看了好几套房子才决定下来了。 나와 아내는 여러 개의 집을 보고 겨우 결정했다.
　　 他洗了澡再去公司工作了。 그는 샤워를 하고 나서 다시 회사로 가서 일했다.
　　 我们吃完早饭就出发。 우리는 아침을 먹고 바로 출발한다.

본문 2
西红柿炒鸡蛋

今天我给大家介绍一道家常菜——西红柿炒鸡蛋。这道菜简单易学，几乎所有的中国人都会做，而且它的口感有一点点酸甜，很多外国人也比较喜欢这道菜。首先我们准备的材料有：西红柿2个、鸡蛋3个，配料有葱、盐和鸡精。先用开水烫一下西红柿，这样呢西红柿的皮很容易就可以剥掉。将它切成块儿后备用。然后把鸡蛋打匀，加一点儿盐，倒入热油锅，用铲子不停地翻炒鸡蛋，直到鸡蛋凝固成块儿。炒的时间不要太长，这样炒熟的鸡蛋吃起来口感才会十分软嫩。然后，把炒熟的鸡蛋倒出来，重新在锅里倒上一点儿油，等油温有六七成的时候，把提前准备好的葱末儿和西红柿块儿一起倒进锅里，等到西红柿完全炒熟时，加一点盐和鸡精，再把刚才提前炒好的鸡蛋倒入锅中拌匀，这道菜就完成啦！怎么样，很简单吧？今天回家就试试做这道菜吧。

1 为什么有很多外国人也喜欢这道菜呢?

2 西红柿炒鸡蛋的几个主要步骤是什么?

3 你还吃过或者会做哪些中国菜吗?

단어학습

- 西红柿炒鸡蛋[xīhóngshì chǎo jīdàn] [명] 토마토 계란 볶음
  * 토마토와 계란을 기름에 볶은 후, 조미료를 가미하여 만든 볶음 음식
- 易学[yìxué] [형] 배우기 쉽다
  ≒ 好学
- 口感[kǒugǎn] [명] 입맛
- 酸甜[suāntián] 새콤달콤하다
- 配料[pèiliào] [동] 원료를 배합하다
  [명] 조미료
- 葱[cōng] [명] 파
- 盐[yán] [명] 소금
- 鸡精[jījīng] [명] 닭고기 다시다
- 开水[kāishuǐ] [명] 끓인 물
- 烫[tàng] [형] 몹시 뜨겁다
  [동] 데우다, 데치다
- 皮[pí] [명] 피부, 가죽, 껍질
- 剥掉[bōdiào] 벗기다
- 切块[qiēkuài] [동] 토막토막 자르다
- 翻炒[fānchǎo] [동] 뒤섞어 볶다
- 备用[bèiyòng] [동] 사용하기 위해 준비하다
- 倒入[dàorù] [동] 따르다, 담다
- 匀[yún] [형] 균등하다
  [동] 고르게 하다
- 铲子[chǎnzi] [명] 삽, 주걱
- 凝固[nínggù] [동] 응고하다, 굳어지다
  [동] 고정되어 변하지 않다, 정체되다
- 软嫩[ruǎnnèn] [형] 부드럽다, 연하다
- 葱末儿[cōngmòr] [명] 잘게 썬 파
- 拌匀[bànyún] [동] 고르게 뒤섞다

팔선생 표현학습

1 ……用铲子不停地翻炒鸡蛋, 直到鸡蛋凝固成块儿。
~ 주걱으로 계란이 응고되어 덩어리가 될 때까지 끊임없이 볶아준다.

> '不停'은 '멈추지 않다'라는 뜻으로 문장에서 '不停地' 형태로 부사어로 쓰이거나, '동사+个不停'으로 쓰인다.

[예] 外边还不停地下雨, 你等一会儿再走吧。= 雨下个不停
밖에 비가 계속 오니, 조금 더 있다 가거라.
我爸就不停地说, 只要你喜欢就好。 아빠는 계속해서 너만 좋으면 됐다고 했다.

2 重新在锅里倒上一点儿油, 等油温有六七成的时候, ……
다시 솥에 약간의 기름을 두르고, 기름 온도가 약 200도 가까이 될 때, ~

> '油温'은 음식을 솥에 집어 넣었을 때 솥의 온도를 뜻하는데, 'A成热'로 표시한다.
> * 三四成热 약 100도 정도, 五六成热 약 150도 정도, 九到十成热 약 300도 정도

[예] 油温三四成热, 油面有很小的波动。 기름 온도가 100도 정도면, 기름 표면에 약간의 파동이 있다.
炒菜时油温太高的话不太好, 最佳油温为八成。
볶음 요리를 할 때는 기름 온도가 너무 높은 것은 좋지 않으며 300도 정도가 가장 좋다.

3 把提前准备好的葱末儿和西红柿块儿一起倒进锅里……
미리 준비한 다진 파와 자른 토마토를 함께 솥에 넣고 ~

> '把' 자문은 대상이 다른 형태로 처치되었음을 강조하기 위해서 쓰이며, 술어 뒤에 반드시 처치된 결과를 보충 설명해주어야 한다. * 본문에서는 결과보어와 방향보어가 쓰임

[예] [정도보어] 我怎么能把汉字写得又快又好? 저는 어떻게 하면 한자를 빨리 쓰면서 잘 쓸 수 있을까요?
[동량보어] 请把这个东西再检查一遍。 이 물건을 다시 한 번 검사 부탁 드립니다.

연습문제

1. 대화를 듣고 질문에 대한 알맞은 답을 고르시오.

❶ (　　　　　)

A 女的搬家了
B 男的新家采光比较好
C 男的空手来女的家

❷ (　　　　　)

A 女的可能在做饭
B 男的在做家常菜
C 男的现在要走

2. 들려주는 한 단락의 내용을 듣고 묻는 질문에 알맞은 대답을 고르시오.

❶ (　　　　　)

A 西红柿、鸡蛋
B 葱、鸡精
C 面、糖

❷ (　　　　　)

A 六成
B 八成
C 九成

3. 다음 밑줄 친 부분에 알맞은 내용을 채워 넣어 대화를 완성하시오.

今天我给大家介绍一道家常菜——西红柿炒鸡蛋。这道菜简单易学，1) ＿＿＿＿所有的中国人都会做，而且它的口感有一点点酸甜，很多外国人也比较喜欢这道菜。首先我们准备的材料有：西红柿2个、鸡蛋3个，配料有葱、盐和鸡精。先用开水烫一下西红柿，这样呢西红柿的皮很容易就可以剥掉。将它切成块儿后备用。然后把鸡蛋打匀，加一点儿盐，倒入热油锅，用铲子不停地翻炒鸡蛋，直到鸡蛋凝固成块儿。炒的时间不要太长，这样炒熟的鸡蛋吃起来口

感才会 2)　　。然后，把炒熟的鸡蛋倒出来，重新在锅里倒上一点儿油，等油温有六七成的时候，　3)　　提前准备好的葱末儿和西红柿块儿一起倒进锅里，等到西红柿完全炒熟时，加一点盐和鸡精，再把刚才提前炒好的鸡蛋倒入锅中拌匀，这道菜就完成啦！怎么样，很简单吧？今天回家就试试做这道菜吧。

❶ A 称呼　　　　B 在乎　　　　C 呼应　　　　D 几乎
❷ A 十分酸辣　　B 干巴巴的　　C 十分软嫩　　D 热腾腾的
❸ A 被　　　　　B 把　　　　　C 使　　　　　D 令

4. 제시된 단어나 구를 알맞게 배열하여 완전한 문장을 만드시오.

❶ 不觉　了　我　不知　中　她　爱上

_____

❷ 要　走　吃饭　再　在我家　一定　了

_____

❸ 请　把　上　书合　大家

_____

5. 다음 제시된 단어와 그림을 연관 지어 80자 내외로 중작하시오.

　　　　　　搬家　感觉　温居　环境　买

중국문화 산책

간단하고 맛있는 중국요리 - 마파두부 만드는 방법

매콤한 중국 사천요리 중 하나인 '마파두부(麻婆豆腐)'는 돼지고기와 두부가 들어가 부드러우면서도 돼지고기의 씹히는 맛도 함께 느낄 수 있으며 한국인의 입맛에도 잘 맞는 요리 중 하나이다.

●재료●

연두부 300g, 소금 4g, 홍고추 5g, 대파 8g, 마늘 10g, 생강 10g, 두반장 7g, 돼지고기(다진 돼지고기) 50g, 청주 14ml, 간장 14ml, 물 200ml, 굴소스 4g, 후추(후추 약간), 치킨파우더 4g, 설탕 2g, 녹말(물에 푼 녹말) 20g, 고추기름 28g

● 만드는 방법 ●

[1] 두부는 정사각형 모양으로 먹기 좋게 썰어 올리브유를 넉넉히 두르고 노릇하게 구워서 준비한다.
[2] 양파와 청피망은 잘게 다지고 대파는 가늘게 채 썰어 준비 한다.
[3] 고추기름을 넉넉히 두른 팬에 다진 마늘을 넣어 볶다가 다진 돼지고기를 넣어 준다.
[4] 돼지고기를 볶으며 후춧가루를 넣어 준다.
[5] 돼지고기가 익으면 다진 피망과 양파를 넣고 볶아 준다.
[6] 야채와 고기가 볶아지면 두반장 소스와 블랙빈 소스를 넣고 잘 섞어 주다가 물을 붓고 끓여 준다.
[7] 소스가 바글바글 끓으면 미리 튀겨둔 두부를 넣고 녹말물을 넣어 재빨리 섞어 준다.
[8] 썰어둔 대파를 넣고 참기름을 약간 넣어 마무리 한다.
[9] 모자라는 간은 간장이나 굴소스를 넣어 간을 맞춘다.

别提了, 我长胖了3公斤。

말도 마세요. 저는 3킬로가 쪘어요.

❶ 상대에게 충고의 메시지를 전달할 수 있다.
❷ 내용을 이해한 후 요약하여 전달할 수 있다.

● 당신은 건강과 몸매 유지를 위해서 어떠한 노력을 기울이고 있나요?

본문1 | 减肥

志勋：乐乐，你怎么愁眉苦脸的啊？出什么事儿了？

乐乐：别提了，我长胖了3公斤。

志勋：嗨，我以为出了什么大事儿呢。你长胖了吗？没看出来啊？

乐乐：这还不是大事儿啊，我早上穿牛仔裤的时候，扣子都快扣不上了！

志勋：这么严重啊。那你试试减肥怎么样？

乐乐：马上就要到夏天了，我也想变得苗条一些。但不知道怎样能减。

志勋：我听说减肥要运动和食疗相结合。坚持去健身中心，吃低卡路里的食物才行。

乐乐：可是我特别不喜欢运动，有没有不运动也有效的减肥方法啊？

志勋：有倒是有，吃减肥药啦、中医针灸减肥啦，但是我觉得这些方法都不太健康。

乐乐：嗯，我也怕这些方法有副作用，或者将来会出现反弹。

志勋：对了，还有个办法，做做减肥瑜伽应该不错。不过，不管是用哪种方法，都需要你持之以恒才行啊。

1　志勋听说应该怎样减肥？乐乐希望能够怎么样减肥？

2　吃减肥药减肥或者针灸减肥怎么样？

3　每种减肥方法都需要什么？

단어학습

- 愁眉苦脸[chóuméi kǔliǎn] [성어] 걱정과 고뇌에 쌓인 표정, 우거지상
- 长胖[zhǎngpàng] [동] 살찌다, 뚱뚱해지다
- 公斤[gōngjīn] [명] 킬로그램(kg)
- 以为[yǐwéi] [동] 여기다, 간주하다
  ≒ 认为 rènwéi
- 牛仔裤[niúzǎikù] [명] 청바지
- 扣子[kòuzi] [명] 단추
- 扣上[kòushang] 단추를 채우다
- 严重[yánzhòng] [형] 위급하다, 심각하다
- 减肥[jiǎnféi] [동] 살을 빼다, 감량하다
- 苗条[miáotiao] [형] 호리호리하다, 늘씬하다
- 食疗[shíliáo] [명] 식사 요법
- 结合[jiéhé] [동] 결합하다, 결부되다
- 坚持[jiānchí] [동] 견지하다, 유지하다
- 卡路里[kǎlùlǐ] [양] 칼로리(calorie)
- 有效[yǒuxiào] [형] 유용하다, 효력이 있다
- 中医[zhōngyī] [명] 중국 전통 의학
- 针灸[zhēnjiǔ] [명] 침구
- 副作用[fùzuòyòng] [명] 부작용
- 反弹[fǎntán] [동] 원래대로 회복되다 * 본문에서는 '요요현상'을 가리킨다.
- 瑜伽[yújiā] [명] 요가
- 持之以恒[chí zhī yǐ héng] [성어] 오랫동안 견지하다

팔선생 표현학습

1 我以为出了什么大事儿呢。
나는 무슨 큰일 난 줄 알았네.

> '以为'는 '~인 줄 알았다'라는 의미로 사실은 그렇지 않다는 의미를 내포한다.
> * 비슷한 의미로 쓰인 '认为'는 '~라고 여기다'로 부정적인 의미를 내포하지 않는다.

[예] 我以为昨天能睡得好，谁知道还是没休息好。
나는 어제 잠을 푹 잘 수 있을 거라고 생각했으나,
휴식을 잘 취하지 못할지 누가 알았겠는가?
如果收到的食品当场分给人吃的话，送礼物的人会以为你不喜欢这种礼物。
만약 받은 음식을 그 자리에서 사람들에게 나눠 먹게 한다면 선물을 한 사람은
당신이 그 선물을 좋아하지 않는 것으로 여길 수 있다.

2 有没有不运动也有效的减肥方法啊?
운동을 하지 않아도 효과가 있는 다이어트 법이 있어?

> '不……也……'는 '~하지 않아도 ~하다'라는 의미로 상충되는 내용을 표현할 때 쓰인다.

[예] 有没有不学习也能学习好的办法啊?
공부를 하지 않아도 공부를 잘 할 수 있는 방법이 있어요?
感冒不严重也不能大意。
감기는 심각하지 않아도 대충 넘길 수는 없다.

본문2

做好自我保健，保持健康的身体

　　每天工作十多个小时、一周工作六七天，饮食不规律、睡眠质量也不高，这就是最近办公室白领一族的工作和生活状态。这种生活严重破坏了他们的健康状况。长时间办公，人体会出现诸多不适，有人将其统称为"办公室综合症"。具体包括：头晕、头痛、倦怠、胸闷等症状。当出现这种情况时，该如何进行保健，越来越受到年轻上班族的重视。

　　总体来说，首先应该加强体育锻炼，运动能使人心情舒畅，有利于消除不良情绪。每天坚持30~40分钟的有氧运动，如快步走、慢跑、游泳、太极拳等。最简单的方法还有少乘电梯，多走楼梯。爬楼梯对心血管有益，还可以改善你的腿部肌肉。还要有规律的生活，每天保证8小时睡眠，营养要均衡，充足，特别是要有足够的蛋白质和维生素，要多吃新鲜蔬菜与水果。最后办公室及家庭要自然通风，尽量少用电脑,手机、微波炉等。做到这些，你的身体就会一天比一天健康啦！

1　白领的健康为什么会出现问题？

2　办公室综合症都有哪些症状？

3　改善白领健康的方法有哪些？

단어학습

- 规律[guīlǜ] [명] 규율 [동] 규칙적이다
- 睡眠[shuìmián] [명] 수면 [동] 잠자다
- 白领[báilǐng] [명] 화이트칼라 계층
  蓝领 lánlǐng 블루칼라
- 状态[zhuàngtài] [명] 상태
- 破坏[pòhuài] [동] 파괴하다
- 体会[tǐhuì] [동] 체득하다
- 诸多[zhūduō] [형] 많은 ≒很多
- 不适[búshì] [형] 불편하다, 힘들다
- 统称[tǒngchēng] [명] 총칭
  [동] 총칭하여 부르다
- 办公室综合症[bàngōngshì zōnghézhèng] 오피스 증후군
- 头晕[tóuyūn] [동] 현기증이 나다
- 倦怠[juàndài] [형] 나른하다, 권태롭다

- 症状[zhèngzhuàng] [명] 증상, 증후
- 如何[rúhé] [대] 어떻게, 왜
- 保健[bǎojiàn] [형] 건강에 좋은
  [동] 건강을 보호하다
- 受到重视[shòudào zhòngshì] 중요시 되다, 관심을 받게 되다
- 总体来说[zǒngtǐ lái shuō] 요약하건대
- 加强[jiāqiáng] [동] 강화시키다
- 舒畅[shūchàng] [형] 상쾌하다, 홀가분하다
- 消除[xiāochú] [동] 없애다, 해소하다
- 不良情绪[bùliáng qíngxù] 좋지 않은 기분
- 有氧运动[yǒuyǎng yùndòng] [명] 유산소 운동

- 乘[chéng] [동] 오르다, 타다 ≒坐
- 电梯[diàntī] [명] 승강기
- 楼梯[lóutī] [명] 계단, 층계
- 心血管[xīnxuèguǎn] [명] 심장 혈관
- 肌肉[jīròu] [명] 근육
- 均衡[jūnhéng] [형] 균형이 고르게 잡히다
- 保证[bǎozhèng] [동] 보증하다, 확보하다
- 蛋白质[dànbáizhì] [명] 단백질
- 维生素[wéishēngsù] [명] 비타민
- 蔬菜[shūcài] [명] 채소, 야채, 푸성귀
- 通风[tōngfēng] [동] 통풍시키다, 환기시키다

팔선생 표현학습

1 该如何进行保健，越来越受到年轻上班族的重视。
어떻게 건강을 지키는지가 점점 젊은 샐러리맨들의 관심을 받고 있다.

> 대명사 '如何'는 '怎么' 혹은 '怎么样'의 의미로 보다 문어체에서 주로 사용된다.
> 또한 '受到……的重视' 구문은 '~의 관심을 받다'라는 의미로 자주 쓰이는 구문이다.

[예] 我如何才能受到老板的重视? 제가 어떻게 해야 사장님의 관심을 받을 수 있을까요?
　　 我想知道该如何表现自己，才能够受到老师的重视。
　　 저는 어떻게 제 자신을 표현해야 선생님의 관심을 받을 수 있는지 알고 싶습니다.

2 总体来说，首先应该加强体育锻炼……
전체적으로 볼 때 무엇보다 체력단련을 강화해야 한다.

> '总体来说'는 앞에서 말한 내용을 요약하여 말하거나 포괄적인 관점에서 말할 때 쓰인다.

[예] 总体来说，什么牌子的笔记本电脑会更好呢?
　　 전체적으로 보면, 어떤 브랜드의 노트북이 더 좋아요?
　　 虽然有一些需要修改的地方，但总体来说这篇文章写得很不错。
　　 비록 약간 고쳐 써야 하는 부분이 있지만, 전체적으로 봤을 때 이 글은 잘 썼다.

연습문제

1. 대화를 듣고 질문에 대한 알맞은 답을 고르시오.

❶ (   )

A 女的长胖了6斤
B 女的真的出了大事了
C 女的变得苗条一些

❷ (   )

A 女的不怕吃减肥药
B 女的不喜欢运动，但想试试练瑜伽
C 男的认为减肥短时间内可以做到

2. 들려주는 한 단락의 내용을 듣고 묻는 질문에 알맞은 대답을 고르시오.

❶ (   )

A 每天工作不超过8个小时
B 饮食很规律
C. 睡眠质量不高

❷ (   )

A 加强体育锻炼
B 每天保证6小时睡眠
C 营养要均衡、充足

3. 아래의 밑줄 친 부분에 알맞은 답을 고르시오.

每天工作10多个小时、一周工作六七天，饮食不规律、睡眠质量也不高，这就是最近办公室白领一族的工作和生活状态。这种生活严重破坏了他们的健康状况。长时间办公，人体会出现诸多不适，有人将其统称为"办公室综合症"。具体包括：头晕、头痛、倦怠、胸闷等症状。当出现这种情况时，该   1)   进行保健，越来越受到年轻上班族的重视。

　　　　2)　　　　，首先应该加强体育锻炼，运动能使人心情舒畅，有利于消除不良情绪。每天坚持30-40分钟的有氧运动，如快步走、慢跑、游泳、太极拳等。最简单的方法还有少乘电梯，多走楼梯。爬楼梯是一种非常好的锻炼形式，对心血管有益，还可以改善你的腿部肌肉。还要有规律的生活，每天保证8小时睡眠，营养要均衡，充足，特别是要有足够的蛋白质和维生素，要多吃新鲜蔬菜与水果。最后办公室及家庭要自然通风，　　3)　　少用电脑，手机、微波炉等。做到这些，你的身体就会一天比一天健康啦！

❶ A 这样　　　B 那么　　　C 如何　　　D 如此
❷ A 也就是说　B 再说　　　C 总体来说　D 还用说
❸ A 以免　　　B 免得　　　C 尽量　　　D 省得

4. 제시된 단어나 구를 알맞게 배열하여 완전한 문장을 만드시오.

❶ 我　什么　以为　出　大事儿　呢　了

_____

❷ 我　快　穿不上　胖　不少　了　衣服　都　了

_____

❸ 中国人　应该　自己的　控制　认为　尽量　在别人面前　感情

_____

5. 다음 제시된 단어와 그림을 연관 지어 80자 내외로 중작하시오.

工作　锻炼　打算　体重　越来越

중국문화 산책

중국의 전통 의학 – 중의학

중의학은 중국 고대로부터 전해 내려온 고전의학의 총칭으로, 현대에 와서도 서양의 발달한 서양 의학과 어깨를 나란히 하고 있다. 현재 중의학은 중국의 의료, 교육, 연구 및 위생 관리 등의 여러 면에서 큰 역할을 하고 있으며 주변 나라와 심지어 유럽까지 전해졌다.

중의학은 원시사회로부터 오늘까지 줄곧 누적되면서 전해 내려온 의료 경험을 종합한 것으로 명확한 시작점을 찾아볼 수 없다. 전설에 따르면 5,000년 전 원시사회 때부터 중국인 선조가 이미 여러 가지 약재로 다양한 질병을 치료하였다고 한다. 의학에 관련된 가장 이른 역사기록은 하(夏)나라 때에 나타났으며 질병 및 인체 구조에 대한 연구 결과가 기록되었다.

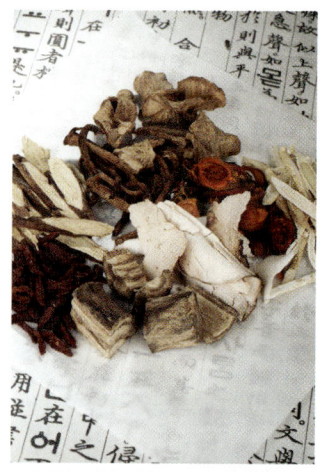

하, 상, 주 시기에는 의약학과 우술(巫术)이 병존하여 의학의 틀이 형성되기 시작하였고, 춘추전국시기에 와서부터 다양한 의학 이념과 의학 학파가 나타났다. 다양한 의학문화가 오랫동안 융합되고 변신하면서 수(隋)나라 전까지 진맥학(诊脉学), 침구학(针灸学), 약물학(药物学), 외과(外科), 양생보건학(养生保健) 등 면에서 놀라운 진보를 가져왔다.

수(隋)나라 때부터 중의학이 본격적인 가속화 발전 단계에 들어서 풍부한 의학 성과를 거두었으며 송나라 때에 이르러서는 정부에서 전문적인 중의학원을 설치하여 의학 인재를 양성하였다. 명나라, 청나라 때에 와서는 서방의 과학적인 의학지식이 전해지면서 중의학이 더욱 빠른 속도로 성장할 수 있게 되었다.

● 진단 방법 ●

(1) 망진 望诊 : 얼굴, 혀 등 인체의 각 기관에 대한 관찰을 통하여 건강 상태를 판단
(2) 문진 问诊 : 말소리, 골격 소리 등 여러 가지 소리에 근거하여 진단
(3) 절진 切诊 : 절진은 또 맥진(脉诊)이라고도 부르는데 주로 맥을 재는 방법으로 진단

● 치료 방법 ●

(1) 중약 中药 : 식물, 나무껍질, 짐승 뼈 등 특수한 약재를 가리킴
(2) 침구 针灸 : 침으로 직접 인체의 신경과 근육을 자극
(3) 안마 按摩 : 안마하는 방법으로 인체의 근육과 신경을 자극

제10과

我家的电冰箱坏了, 想申请维修服务。
우리 집 냉장고가 고장 나서, A/S를 신청하려고 해요.

❶ 사실에 대한 내용을 묘사하거나 설명할 수 있다.
❷ 과거와 현재 시제를 이용하여 말할 수 있다.

- 보통 가전 제품을 몇 년 정도 사용하시다가 교체하시나요?
- 특별히 선호하는 가전제품 브랜드가 있나요?

本文1

申请维修服务

小金：你好，请问是白雪电冰箱售后服务中心吗？

职员：是的，您有什么问题吗？

小金：我家的电冰箱坏了，想申请维修服务。

职员：好的，请问您的冰箱有哪些故障呢？从什么时候开始的？

小金：我家冰箱的冷冻室从昨天开始就不制冷了，昨天晚上里面的东西都化了。

职员：十分抱歉给你带来了不便。现在就给您预约维修服务，您看明天早上10点可以吗？

小金：明天上午我有事要外出，下午可以吗？来之前请给我打个电话，号码是7858852。

职员：好的，先生，请问您的电冰箱是什么型号，什么时候购买的？

小金：型号是BX-29，使用了大概4年时间。

职员：对不起，您的冰箱已经超过了3年的保修期，如果上门服务的话，会收取一定的费用，可以吗？

小金：这个我知道，没关系的。只要能给我尽快修好就行。我急着用呢。

职员：好的，明天下午5点维修人员会为您上门修理，请你在家等候。

1　小金家的电冰箱出了什么问题？

2　小金预约了明天上午修理吗？

3　为什么电冰箱公司会向小金收取修理费用呢？

단어학습

- **售后服务**[shòuhòu fúwù] [명] 애프터 서비스(A/S)
- **中心**[zhōngxīn] [명] 중심, 센터
- **申请**[shēnqǐng] [동] 신청하다
- **维修**[wéixiū] [동] 보수하다, 손질 (수선) 하다
- **故障**[gùzhàng] [명] (기계 따위의) 고장 [명] 결함
- **冷冻室**[lěngdòngshì] 냉동실
- **制冷**[zhìlěng] [동] 냉각하다
- **化**[huà] [동] 녹다, 풀리다, 융화되다 [동] 변하다, 변화하다
- **抱歉**[bàoqiàn] [동] 미안하다, 죄송하다
- **预约**[yùyuē] [동] 예약하다
- **型号**[xínghào] [명] 모델, 사이즈
- **保修期**[bǎoxiūqī] 보증 기간
- **上门**[shàngmén] [동] 문을 잠그다
- **收取**[shōuqǔ] [동] 받다, 수납하다
  ↔ 支付 zhīfù

只要A就B : A하기만 하면, B한다.
[비교] 只有A才B : A해야만, B한다.

팔선생 표현학습

1 十分抱歉给你带来了不便。 불편을 드려 매우 죄송합니다.

'抱歉'은 '미안하다, 죄송하게 생각하다'라는 뜻의 단어로 공식적인 상황에서 많이 쓰인다.
* 이외에 사과를 하는 표현으로는 不好意思, 对不起, 请多多包涵 bāohán, 真叫人过意不去 guò yì bú qù 등이 있다.

[예] 真抱歉, 此视频只限于中国内地区播放。
죄송하지만 이 동영상은 중국내륙지역에서만 상영됩니다.
今天让大家白跑了一趟, 真是非常抱歉。
오늘 여러분이 헛걸음을 하시게 했네요. 정말 죄송합니다.

2 请问是白雪电冰箱售后服务中心吗? 바이쉐냉장고 애프터서비스(AS)센터입니까?

서비스 부분에서 자주 사용되는 어휘 표현	
애프터 서비스(AS) : 售后服务	무상수리 : 维修服务
보증 수리기간 : 保修期限 bǎoxiū qīxiàn	유통기한 : 保存期限
품질 보증서 : 质量保证书 zhìliàngbǎozhèngshū	보상 범위 : 赔偿范围 péicháng fànwéi

[예] 保修期一般从你买来的那天开始算, 就一年。
보증기간은 일반적으로 당신이 구입한 날로부터 산정하여 1년이다.
我家的电脑坏了, 要上网申请维修服务。
우리집 텔레비전이 고장 나서 인터넷에서 무상수리를 신청하려고 한다.

3 从什么时候开始的? 언제부터 그랬나요?

'从……开始'는 어떤 일이 시작된 시점을 나타낸다.
* 때로는 '起'와 함께 쓰이기도 한다. '从……(起)开始'

[예] 从下个星期开始我就调到新的部门了。 다음주부터 시작해서 저는 새로운 부서로 옮기게 되요.
我从昨天起开始咳嗽, 流鼻涕, 还有点儿发烧。
저는 어제부터 기침이 나고 콧물이 흐르고, 열도 좀 나기 시작했어요.

본문2

海尔集团

　　海尔集团是中国白色家电第一品牌, 1984年创立于中国青岛, 张瑞敏是海尔集团的主要创始人。截至2009年, 海尔集团在全球建立了29个制造基地, 8个综合研发中心, 19个海外贸易公司, 全球员工超过6万人。并且在2011年, 海尔的营业额达到了1509亿元, 主要有科技、工业、贸易、金融四大支柱产业, 成为了名副其实的全球化集团公司。海尔曾被英国《金融时报》评为"中国十大世界级品牌"之首。它品牌旗下的冰箱、空调、洗衣机、电视机、热水器、电脑、手机、家居集成等18种产品也被评为中国名牌。在海尔持续自身健康发展的同时, 也始终重视企业的社会责任。积极从事教育、慈善等社会公益事业, 回馈社会, 致力于环境改善和可持续发展, 赢得社会各界的广泛赞誉。

1　海尔公司的规模怎么样?
2　海尔是一家从事哪些产业的公司?
3　海尔有哪些产品被评为中国名牌?

단어학습

- 集团[jítuán] [명] 집단, 단체
- 白色家电[báisè jiādiàn] 백색가전
  * 냉장고, 세탁기, 에어컨, 전자레인지를 뜻함
- 品牌[pǐnpái] [명] 상표, 브랜드
- 建立[jiànlì] [동] 건립하다
- 截至[jiézhì] [동] ~에 이르다(마감하다)
- 基地[jīdì] [명] 근거지, 본거지, 거점
- 研发[yánfā] [동] 연구 개발하다
- 科技[kējì] [명] 과학 기술
- 工业[gōngyè] [명] 공업
- 金融[jīnróng] [명] [경제] 금융
- 贸易[màoyì] [명] [경제] 무역, 교역
- 名副其实[míng fù qí shí] [성어] 명성과 실상이 서로 부합되다, 명실상부하다
- 曾[céng] [부] 일찍이, 이전에, 이미 ≒曾经
- 旗下[qíxià] [명] 아래, 수하
- 热水器[rèshuǐqì] [명] 온수기
- 始终[shǐzhōng] [명] 처음과 끝 [부] 시종일관, 줄곧
- 积极[jījí] [형] 적극적이다, 의욕적이다 ↔ 消极 xiāojí
- 社会责任[shèhuì zérèn] 사회 책임
- 从事[cóngshì] [동] 종사하다
- 慈善[císhàn] [형] 자선을 베풀다
- 公益事业[gōngyì shìyè] 공익 사업
- 社会回馈[shèhuì huíkuì] 사회 환원
- 致力[zhìlì] [동] 힘쓰다, 진력하다
- 环境改善[huánjìng gǎishàn] 환경개선
- 赢得[yíngdé] [동] 이기다, 얻다
  ≒取得/获得
  赢得胜利 승리를 얻다
  赢得尊重 존중을 얻다
- 广泛[guǎngfàn] [형] 광범위하다, 폭넓다
- 赞誉[zànyù] [동] 칭찬하다, 찬양하다

팔선생 표현학습

1 截至2009年, 海尔集团在全球建立了29个制造基地。
2009년에 이르러 하이얼 그룹은 전세계에 29개 제조기지를 건립했다.

> 동사 '截至'는 시간적으로 '~에 이르다'는 의미로 '为止 wéizhǐ'와 함께 사용되기도 한다.

[예] 截至目前为止, 到中国克隆植物网英文网站的访问者来自40多个国家。
지금까지, 40여 개 국가의 방문자가 중국클론식물 영문홈페이지를 방문하였다.
截至去年末, 报名者已经超过了一万多人。
작년 말에 이르러 신청자 수는 이미 1만 여명을 넘어섰다.

2 海尔曾被英国《金融时报》评为"中国十大世界级品牌"之首。
하이얼은 일찍이 영국에 '파이낸셜 타임즈'에 '중국 10대 세계급 브랜드' 1위로 선정되었다.

> '被评为'는 '~으로 평가되다'라는 의미로 '被' 뒤에 구체적인 대상은 보통 생략하고 쓴다.
> * 비슷한 고정 격식으로 '被认为(알려지다), 被称为(불리다), 被选为(선출되다)' 등이 있다.

[예] 长城是哪一年被评为世界文化遗产的?
만리장성은 어느 해에 세계 문화유산으로 선정되었나요?
他的作品被美术界评为今年最佳作品。
그의 작품은 미술계에 의해 올해 최고 작품으로 평가받았다.

연습문제

1. 대화를 듣고 질문에 대한 알맞은 답을 고르시오.

   ❶ (   )
   A 男的家电冰箱故障了
   B 男的家电视机坏了
   C 男的家微波炉出毛病了

   ❷ (   )
   A 顾客与销售员
   B 顾客与维修人员
   C 顾客与售后服务中心的职员

2. 들려주는 한 단락의 내용을 듣고 묻는 질문에 알맞은 대답을 고르시오.

   ❶ (   )
   A 1987年创立于中国青岛
   B 张瑞敏是海尔集团的主要创始人
   C 海尔集团是中国白色家电第二品牌

   ❷ (   )
   A 教育 社会公益事业
   B 科技 工业
   C 贸易 金融

3. 아래의 밑줄 친 부분에 알맞은 답을 고르시오.

   > 海尔集团是中国白色家电第一品牌，1984年创立于中国青岛，张瑞敏是海尔集团的主要创始人。 1) 2009年，海尔集团在全球建立了29个制造基地，8个综合研发中心，19个海外贸易公司，全球员工超过6万人。并且在2011年，海尔的营业额达到了1509亿元，主要有科技、工业、贸易、金融四大支柱产业，成为了 2) 的全球化集团公司。
   > 海尔曾被英国《金融时报》评为"中国十大世界级品牌"之首。它品牌旗

下的冰箱、空调、洗衣机、电视机、热水器、电脑、手机、家居集成等18种产品也被评为中国名牌。在海尔持续自身健康发展的同时，也始终重视企业的社会责任。积极从事教育、慈善等社会公益事业，回馈社会，致力于环境改善和可持续发展，　3)　社会各界的广泛赞誉。

❶ A 自从　　　　B 来自　　　　C 至少　　　　D 截至
❷ A 因人而异　　B 名副其实　　C 格格不入　　D 死记硬背
❸ A 省得　　　　B 赢得　　　　C 难免　　　　D 赢利

4. 제시된 단어나 구를 알맞게 배열하여 완전한 문장을 만드시오.

❶ 十分　不便　抱歉　给　了　你　带来

❷ 保修期　超过　您的冰箱　了　已经　3年的

❸ 下个星期　开始　从　我　部门　就　新的　了　调到

5. 다음 제시된 단어와 그림을 연관 지어 80자 내외로 중작하시오.

坏　申请　感动　热情　服务

중국문화 산책

중국 10대 기업

중문판 '포춘' 지가 칭찬받는 중국 10대 기업을 발표했다. 하이얼海尔(가전)이 1위를 차지하고, 뒤를 이어 레노보联想(IT)·바오강宝钢(철강)·멍니우蒙牛(유제품)·궈메이国美(가전판매) 순으로 나타났다.

- **1위 : 하이얼 海尔 Haier**
  - 전 세계 백색가전생산 3대기업중의 하나로 성장했다.
  - 다른 가전기업들이 OEM방식으로 해외시장을 개척하는 동안 하이얼은 미국에 공장을 설립하고 해외시장 M&A에 적극적으로 나서면서 브랜드 인지도를 넓혔으며, '최선을 다하는 당신을 위한 서비스'를 모토로 정하여 서비스에 주력하는 이미지를 소비자에게 심었다.

- **2위 : 레노보 联想 lenovo联想**
  - 레노보는 2005년 IBM의 PC업무를 인수하면서 중국 로컬기업에서 세계굴지의 기업으로 급부상했으며 창업자인 리우촨즈(柳傳志)는 레노보의 가장 큰 경쟁력이 '인력을 회사의 가장 중요한 자산'으로 보는 것이라고 밝힌 바 있다.

- **3위 : 바오강 宝钢 BAOSTEEL**
  - 바오강은 글로벌경영으로 적극 나서 이제 다국적 철강기업 순위에서 전 세계 4위이자 이윤 면에서 1위이며, 2010년 연간 매출목표를 180억 달러로 설정해두고 있다.
  - 바오강은 세계적인 철강그룹인 일본 신일본제철(NSC), 독일 티센크루푸 등과의 합작을 통해 기술도입 및 관리능력을 제고하였다.
  - 이외에도 브라질기업인 CVRD와 각각 80억 달러를 투자해 초기 연간생산량 380만 톤 규모의 대형 철강공장을 설립했으며, 주요 공략목표로 미주 자동차·통신·기계시장을 설정하고 해외시장 개척에 적극적이다.

- **4위 : 멍니우 蒙牛**
  - 중국 내 약 1000개 우유제품 기업 중, 멍니우는 추진력이 강하고 정책결정이 신속한 기업으로 정평이 나 있으며, '직원이 모두 사장이 돼 매일 한 개 경쟁사를 추월하자'는 모토 하에 공격적인 경영을 추진하고 있다.
  - 30명 고급관리자가 단체로 주식을 보유하도록 하는 등 방법으로 직원의 적극적인 경영참여를 유도하여 창업 7년 만에 가족기업에서 벗어나 중국 내 유제품 생산 대표기업으로 성장하였다.

- **5위 : 궈메이 国美 GOME**
  - 궈메이는 기술력이나 제품 차별화면에서 두드러진 특징이 없으나, 마케팅 능력은 높은 것으로 평가 받고 있다.
  - 궈메이는 중국의 전통적인 가전판매방식에서 벗어나 중국 최초로 소매가전 체인점 방식의 판매를 시도했으며, 현재 궈메이의 체인점은 전국 400여 개에 달한다.

제11과

多音字的学习只能靠死记硬背。

다음자 학습은 무조건 외울 수 밖에 없지요.

❶ 자신의 경험을 바탕으로 상대에게 조언을 할 수 있다.
❷ 제시된 대상의 분류와 계통을 설명할 수 있다.

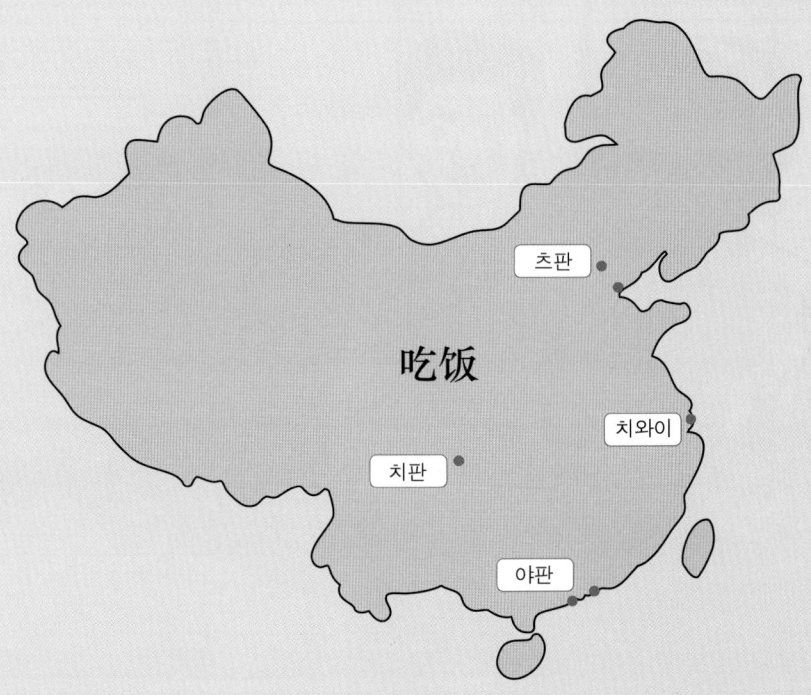

- 당신은 정확한 표준어를 구사하나요?
- 방언과 관련된 재미있는 에피소드가 있나요?

본문 1

只要抓住了窍门，保准事半功倍！

乐乐：志勋，你的中文学得怎么样啦？

志勋：还行吧，中文有意思是有意思，不过汉字实在是太难了。

乐乐：韩国不是也使用汉字嘛？

志勋：韩国用的是繁体汉字，可是现在学的都是简体字。
我还得一个字一个字地重新背。

乐乐：原来如此，汉字写起来是比较难，有的外国朋友说
写汉字就像画画。

志勋：我觉得最难的应该是多音字吧。一个汉字好几个发音，
什么时候读哪个发音，也没有固定规律。

乐乐：也对，多音字的学习只能靠死记硬背。你就多花些时间吧。

志勋：难道学习汉字就没有什么小窍门吗？

乐乐：怎么没有？汉字中有很多是形声字，也就是说汉字的一半
表示了这个字的读音，另一半代表含义。

志勋：哦，那这样的话，背诵理解起来就容易多了。

乐乐：没错。不管学习什么，只要抓住了窍门，保准事半功倍！

志勋：乐乐，你真厉害，都能当我的小老师啦！

1. 志勋在韩国也使用汉字却仍然觉得汉字很难，为什么？
2. 志勋觉得汉字中最难的是什么？
3. 乐乐告诉了志勋什么小窍门？

단어학습

* 实在[shízài] [부] 정말로, 확실히
* 繁体字[fántǐzì] [명] 번체자
* 简体字[jiǎntǐzì] [명] 간체자
* 重新[chóngxīn] [부] 다시, 재차, 처음부터
* 死记硬背[sǐjì yìngbèi] 무턱대고 외우다, 기계적으로 외우다
* 难道[nándào] [부] 설마 ~란 말인가?
  * 문미에 '吗'와 함께 쓰인다.
* 窍门[qiàomén] [명] (문제를 해결할) 방법, 비결
* 形声字[xíngshēngzì] [명] 형성자
  * 형부(形符)와 성부(聲符)로 이루어진 글자
* 含义[hányì] [명] 함의, 담겨진 의미
* 背诵[bèisòng] [동] (시문·글 등을) 외우다
* 保准[bǎozhǔn] [부] 틀림없이, 분명히
* 事半功倍[shì bàn gōng bèi] [성어] 적은 노력으로 많은 성과를 올리다

팔선생 표현학습

1 不过汉字实在是太难了。 하지만 한자는 정말로 너무 어려워.

> 부사 '实在'는 '확실히, 정말로, 참으로'의 뜻으로 쓰인다.
> * 비슷한 의미의 단어로 '的确, 确实' 등이 있다. / 본문에서 '是'는 강조를 위해 쓰였다.

[예] 我实在不明白你为什么这么做。
나는 정말로 네가 왜 이렇게 했는지 이해가 안 간다.
这种节能灯实在是好, 40瓦的灯泡只用8瓦电。
이런 에너지절감 등은 확실히 좋다. 40와트의 전구는 단지 8와트의 전기만 사용된다.

2 多音字的学习只能靠死记硬背。
다음자의 학습은 오로지 외우는 것에 달려있지.

> 전치사 '靠'는 '~의지하여, 의거하여, ~에 달려 있다'는 뜻으로 어떤 일을 하는 수단을 나타낸다.

[예] 他靠自己的能力获得了一等奖学金。
그는 자신의 능력으로 1등 장학금을 획득했다.
他们全家都靠王力一个人的收入生活。
그의 온 가족은 왕리 혼자의 수입에 의지하여 생활한다.

3 也就是说汉字的一半表示了这个字的读音, 另一半代表含义。
다시 말해 한자의 반은 그 글자의 독음을 나타내고 나머지 반은 내포된 뜻을 나타낸다.

> '也就是说'는 앞에서 언급한 내용을 다른 표현으로 다시 한 번 보충 설명하는 역할을 한다.

[예] 玻璃是怎样生成的, 也就是说玻璃是怎么做的?
유리는 어떻게 생성된 거죠, 다시 말해 유리는 어떻게 만들어졌나요?
这就是父母望子成龙之心, 也就是说父母都期待着自己的孩子成为一个出息的人。
이것이 바로 부모가 자식이 잘 되길 바라는 마음이다. 다시 말해 부모는 모두 자신의 자식이 출세한 사람이 되기를 바라고 있다.

본문2

中国的七大方言区

中国是一个多民族、多语言、多文化的国家,包括汉族在内,一共有56个民族,使用80种以上的方言。这是因为社会在发展过程中出现了不同程度的分化和统一,而使汉语逐渐产生了方言。方言分布的区域很广,各方言之间的差异主要表现在语音、词汇、语法等各个方面,语音方面最突出。所以即使都是中国人,去了外地也不一定能够听懂那里的方言。

中国主要可以分为七大方言区:北方方言,吴方言,闽方言,粤方言,客家方言,赣方言和湘方言。但由于这些方言之间在语音上都有一定的对应规律,词汇、语法方面也有许多相同之处,因此它们不能算是独立的语言。

1 中国为什么会产生这么多的方言?

2 中国方言的差异主要有哪些?

3 中国主要可以分成哪几个方言区?

단어학습

- 包括……在内[bāokuò……zàinèi] ~을 안에 포함하다
- 社会发展[shèhuì fāzhǎn] 사회 발전
- 过程[guòchéng] [명] 과정
- 程度[chéngdù] [명] 정도
- 分化[fēnhuà] [동] 분화하다, 갈라지다
- 逐渐[zhújiàn] [부] 점점, 점차
- 产生[chǎnshēng] [동] 출산하다, 발생하다
- 方言[fāngyán] [명] 방언
- 分布[fēnbù] [동] 분포하다, 널려 있다
- 区域[qūyù] [명] 구역, 지역
- 差异[chāyì] [명] 차이
- 表现[biǎoxiàn] [명] 표현 [동] 표현하다
- 突出[tūchū] [형] 돌출하다, 돋보이게 하다
- 即使……也[jíshǐ……yě] 설령 ~일지라도
- 方言区[fāngyánqū] [명] 방언 구역
- 吴[Wú] [명] [역사] 오(吴) * 주(周)나라의 제후국. 지금의 장쑤(江苏)성 남부와 저장(浙江)성 북부 지역에 있었으며, 후에 화이허(淮河)유역까지 확장됨
- 闽[Mǐn] [명] 민, 푸젠(福建)성의 별칭
- 粤 [Yuè] [명] 광둥(广东)성과 광시(广西)자치구 별칭
- 客家[Kèjiā] [명] 객가, 하카(Hakka)
- 赣[Gàn] [명] 장시(江西)성의 별칭
- 湘[Xiāng] [명] 후난(湖南)성의 별칭
- 对应规律[duìyīng guīlǜ] 대응 규칙
- 许多[xǔduō] [부] 많다 ≒ 很多
- 独立[dúlì] [명] 독립 [동] 독립적이다

팔선생 표현학습

1 包括汉族在内, 一共有56个民族, 使用80种以上的方言。
한족을 포함해서, 모두 56개 민족이 있는데 80종 이상의 방언을 사용한다.

> 동사 '包括'는 '포함하다'의 의미로 포함 내용 뒤에 '在内'와 함께 쓰이는 경우가 많다.
> * 둘 중 하나를 생략해도 같은 의미로 쓰인다.

[예] 驾照报名费包括哪些费用在内? 운전면허 접수 비용은 어떠한 비용을 포함하나요?
包括汉族在内, 中国一共有多少个民族? 한족을 포함해서 중국은 모두 몇 개의 민족이 있나요?

2 使汉语逐渐产生了方言。 중국어로 하여금 점점 방언이 생기게 했다.

> '产生'은 '생기다, 발생하다'의 의미로 쓰이며, 목적어로는 추상적인 내용이 많이 온다.
> * ……好感(호감) ……勇气(용기) ……误会(오해) ……感情(감정)
> ……问题(문제) ……影响(영향) ……后果(결과) 등이다.

[예] 怎么让他对我产生好感呢? 어떻게 해야지 그가 나에게 호감이 생길까요?
打孩子会产生什么样的影响? 아이를 체벌하는 것은 어떤 영향을 끼칠까요?

3 '客家민족'에 대한 이해

> 북방에 살던 한족이 남조 이후 북방 이민족의 침입에 견디지 못해서 남쪽으로 내려와 광동, 푸젠, 사천, 장시, 후난 등 지역에 정착해서 살게 되었는데 '다른 지역에서 온 사람'이라는 뜻으로 '客家'라고 부르기 시작했다. 전 세계의 상권을 장악한 화교의 절대적 주류는 바로 이 '객가민족'이다. '能卖祖田, 不能卖宗言' (조상의 땅은 팔 수 있어도, 조상의 언어는 버릴 수 없다.)라는 말에서 알 수 있듯이 서로 다른 지역에 정착해 있어도 언어와 문화를 유지하여 중국의 7대 방언 중 하나가 되었다. (참고로 쑨원(孙文)과 덩샤오핑(邓小平) 모두 객가 출신)

제11과 연습문제

1. 대화를 듣고 질문에 대한 알맞은 답을 고르시오.

❶ (   )

A 中文没有意思
B 学过简体字
C 多音字很难

❷ (   )

A 画出实物的形状
B 只用符号的字
C 读音和含义的结构

2. 들려주는 한 단락의 내용을 듣고 묻는 질문에 알맞은 대답을 고르시오.

❶ (   )

A 是一个多民族、多语言、多文化的国家
B 一共有55个少数民族
C 使用56种以上的方言

❷ (   )

A 方言之间在语音上有一定的对应规律
B 词汇、语法方面完全不同
C 各个方言算是独立的语言

3. 아래의 밑줄 친 부분에 알맞은 답을 고르시오.

中国是一个多民族、多语言、多文化的国家， 1)   汉族在内，一共有56个民族，使用80种以上的方言。这是因为社会在发展过程中出现了不同程度的分化和统一，而使汉语　2)　产生了方言。方言分布的区域很广，各方言之间的差异主要表现在语音、词汇、语法等各个方面，语音方面最为突出。所以　3)　都是中国人，去了外地也不一定能够听懂那里的方言。中国主要可以分为七大方言区：北方方言，吴方言，闽方言，粤方言，客家方言，赣方言和湘方言。但由于这些方言之间在语音上都有一定的对应规律，词汇、语法方面也有许多相同之处，因此它们不能算是独立的语言。

❶ A 包括　　　B 概括　　　C 总体　　　D 整体
❷ A 逐渐　　　B 悄悄　　　C 难道　　　D 差点儿
❸ A 不管　　　B 既然　　　C 无论　　　D 即使

4. 제시된 단어나 구를 알맞게 배열하여 완전한 문장을 만드시오.

❶ 我　不　你为什么　实在　做　这么　明白

_____

❷ 只　多音字　能　死记硬背　靠　的学习

_____

❸ 安娜　气候　习惯了　这儿的　逐渐

_____

5. 다음 제시된 단어와 그림을 연관 지어 80자 내외로 중작하시오.

汉字　区别　复杂　漂亮　简单

_____
_____
_____
_____。

중국문화 산책

한자의 발전

한자(漢字)는 세계적으로 사용한 역사가 가장 길고 사용 범위가 가장 크며 사용 인원이 가장 많은 문자 중 하나이다. 한자의 생성, 발전, 응용은 중화 문명의 발전으로 이어졌으며, 세계 문화의 발전에도 깊은 영향을 끼쳤다.

지금으로부터 6천여 년 전의 반파(半坡)유적을 보면 그때 벌써 50여 가지 글자가 있었다. 그 50여 가지 글자는 정연하고 규범적이며 일정한 규칙이 있는 등 간단한 문자의 특징을 구비했다. 학자들은 반파유적에서 발견된 50여가지 글자가 한자의 맹아(萌芽)일 것으로 추정한다.

한자가 체계적인 문자로 형성된 것은 기원전 16세기 상나라(商朝) 때였다. 고고학자들이 실증한 것에 따르면 상나라 초기 중국 문명은 벌써 상당한 수준으로 발전하였다. 그 주요한 특징의 하나가 갑골문이 나타난 것이다.

갑골문은 귀갑과 짐승뼈에 새겨진 유구한 역사를 자랑하는 문자이다. 상나라 때 국왕은 모든 일을 하기 전에 먼저 점을 봤다. 당시 갑골(甲骨, 짐승의 딱딱한 뼈)은 점을 볼 때 사용하는 도구였던 것으로 알려진다.

우선 갑골에 붙은 고기점을 깨끗이 정리한 후 톱으로 토막토막 잘라 고르게 다듬는다. 다음 귀갑의 안쪽과 짐승 뼈에 칼로 홈을 판다. 이런 홈의 배열은 순서가 있었다. 점을 보는 사람은 자신의 이름과 점을 보는 날짜, 답을 얻고자 하는 문제를 갑골에 새긴 후 불로 갑골의 홈을 달군다. 그 홈이 열을 받아 갈라져서 나타난 무늬를 조라고 하며 박수는 무늬의 방향에 따라 점의 결과를 얻어낸 후 결과의 영험여부를 갑골에 새겨둔다.

갑골문은 이미 성숙되고 체계적인 문자로서 후세의 한자발전에 기초가 됐다. 갑골문에 이어 한자는 동명문(銅銘文금문-金文이라고도 함) → 소전(小篆) → 예서(隸書) → 해서(楷書)등 다양한 글씨체를 거쳐 오늘날에 이르렀다.

한자의 형태와 글씨체가 점차 규범화되고 안정화되는 과정을 한자의 발전으로 보고 있으며, 소전은 모든 글자의 획수를 고정시켰고, 예서는 새로운 서체를 구성하고 글자의 형체가 납작하고 네모난 방향으로 발전하도록 추진했다.

해서가 탄생된 후 한자의 모양과 글자체는 안정되기 시작했으며 가로와 세로, 왼쪽삐침, 점, 오른쪽 삐침, 좌도 등의 기본 필획을 확정했다. 따라서 필형도 더 규범화되고 여러 글자의 필획수와 필획 순서도 고정되었다. 또한 필획의 길이가 규범화되고 글자의 형태 구조가 균형되고 대칭됐다.

간단하게 말하면 해서가 나타난 후 한자의 네모난 형태가 고정되었으며 한자의 글씨체 변화가 완성됐다. 지난 천여 년 동안 해서는 줄곧 한자의 표준글자가 됐다.

제12과 我一定不辜负大家的期望。

저는 반드시 여러분의 기대를 저버리지 않겠어요.

❶ 상대방에게 축하의 메시지를 전달할 수 있다.
❷ 두 개 이상의 대상을 비교하여 공통점과 차이점을 설명할 수 있다.

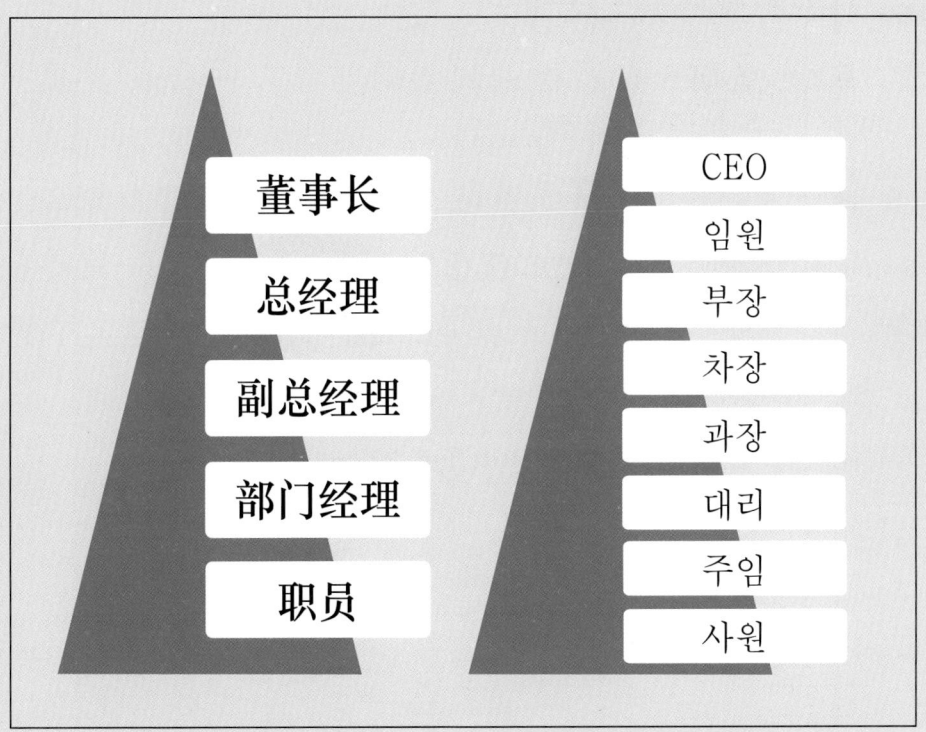

● 한국과 중국의 직급명에 어떤 차이가 있나요?

본문1

听说你升职了，祝贺你啊

张经理：小金，听说你升职了，祝贺你啊。

小　金：谢谢您，其实也没什么，只是项目经理而已，负责这次的老城区改造工程。

张经理：你太谦虚了，这都是你平时努力的结果！

小　金：还得感谢领导和同事们对我的信任。我一定不辜负大家的期望，努力工作。

张经理：什么时候开始上任啊？

小　金：从下个星期开始我就调到新的部门了。一想到要离开老同事们，还是挺舍不得的。

张经理：没关系，反正离得也不远，有了空我们就过去看你。

小　金：谢谢您。对了，明天晚上我在"天下春"请客，您可一定要赏光啊。

张经理：那还用说，你的升迁酒我是一定要喝的。咱们明天不醉不归！

小　金：嗨，我要是喝醉了，我爱人就该不让我进家门儿了。

张经理：哟，没看出来你还是个"妻管严"呢。

1　小金获得了什么新的职位？负责什么工作？

2　小金从什么时候上任？

3　小金决定明天和张经理不醉不归吗？"妻管严"是什么意思？

단어학습

- 升职 [shēngzhí] [명] 승진
- 项目 [xiàngmù] [명] 항목, 종목, 사항 [명] 과제, 프로젝트
- 城区 [chéngqū] [명] 시내
- 改造 [gǎizào] [동] 개조하다, 전환하다
- 工程 [gōngchéng] [명] 공사
- 信任 [xìnrèn] [동] 신임하다
- 辜负 [gūfù] [동] 헛되게 하다, 저버리다
- 期望 [qīwàng] [동] 기대하다, 바라다 [명] 희망, 기대
- 上任 [shàngrèn] [동] 부임하다, 취임하다
- 调到 [diàodào] (부서를) ~로 이동하다
- 舍不得 [shěbudé] [동] 헤어지기 섭섭해하다 [동] ~하지 못하다, ~하기 아까워하다
- 反正 [fǎnzhèng] [부] 아무튼, 어쨌든
- 赏光 [shǎngguāng] [동] (인사말로) 왕림해 주십시오, 제 체면을 보아서 꼭 와 주십시오
- 升迁 [shēngqiān] [동] 영전하다, 높은 지위로 오르다
- 不醉不归 [bú zuì bù guī] 취하지 않으면 돌아가지 않을 것이다

팔선생 표현학습

1 从下个星期开始我就调到新的部门了。
다음주부터 시작해서 저는 새로운 부서로 옮깁니다.

> 결과보어 '到'는 동사 뒤에 쓰여, 시간이나 장소가 특정 시점, 지점에 도달했음을 뜻한다.
> * '睡到+시간', '工作到+시간', '坐到+장소', '搬到+장소' 등이 그 예이다.

[예] 我去姥姥家了, 一直呆到12点才回来。 나는 외가댁에 갔었고, 12시까지 쭉 머물다 돌아왔다.
明年我们打算搬到香港去。 내년에 우리는 홍콩으로 이사 갈 계획이다.

2 一想到要离开老同事们, 还是挺舍不得的。
오랜 동료와 헤어질 생각만 하면, 아주 아쉽지요.

> '舍不得'는 '섭섭하다, 아까워하다'라는 뜻으로 긍정형은 '舍得'이다.

[예] 我真舍不得你走, 回国后还常给我打电话吧。
나는 네가 가는 것이 너무 아쉽구나, 귀국 후에도 자주 전화 주렴.
我喜欢为女朋友舍得花钱的男人。 나는 여자 친구를 위해 돈을 아끼지 않는 남자를 좋아한다.

3 没看出来你还是个"妻管严"呢。
당신도 공처가인 줄 몰랐네요.

> '妻管严'은 해음(谐音) 현상에서 비롯된 단어이며, (得了)气管炎은 원래 '기관지염에 걸리다'였으나 气[qì]가 아내妻子[qīzi]의 妻[qī]로 炎[yán]은 严格[yángé]의 严[yán]으로 쓰여 아내한테 잡혀 사는 남편을 뜻하는 말이 되었다.

[예] "妻管严"让生活变简单。 공처가는 생활을 간단하게 변하게 한다.
"妻管严"是对一类听老婆话, 甘愿被老婆严管的男人的称呼。
공처가는 아내의 말을 잘 듣고, 아내의 관리 받는 것을 달갑게 생각하는 남자들에 대한 호칭이다.

본문2

中韩两国公司内的等级划分之比较

职位等级是指根据工作责任大小、工作复杂性与难度，以及对任职者的能力要求而进行的分类。但是韩国公司和中国公司里，职位等级的划分并不完全一样。今天我们就给大家介绍一下。

首先，韩国公司中，最常见的职位等级由低到高为：社员-主任-代理-课长-次长-部长(室长)-理事-常务理事-副社长-社长-副会长-会长。中国公司的管理职务可以分为董事长、副董事长、总经理、副总经理、部门经理、项目经理、助理以及管理秘书等；虽然两国公司里有些职位实际业务内容相似，但是职位名称却不一样。比如说，在中国一般公司的负责人叫做总经理，副职是副总经理，这和韩国公司的社长、副社长差不多。在总经理之上还有董事会，在韩国叫做理事会。董事会对内掌管公司事务、对外代表公司的经营决策。它的负责人叫做董事长，这和韩国公司的会长类似。中国的部门经理就相当于韩国的各部部长。韩国公司里次长、课长、代理、主任的区分方式在中国公司中也无法一一对应。中国公司的项目经理是指为了某项专门业务设立的负责人职位，也就是我们常说的PM。助理和秘书则是辅佐这些管理人员的职位。当然了，韩国公司的社员也就是中国公司的职员了。

Question

1 职位等级是按照什么来划分的?

2 公司中的董事会的主要职能是什么?

3 中国的公司职务等级和韩国相似吗? 有哪些异同?

단어학습

- 职位[zhíwèi] [명] 직위
- 等级[děngjí] [명] 등급, 계급
- 指[zhǐ] [동] 가리키다, 지시하다
- 根据[gēnjù] [전] ~에 근거하여 [동] 근거하다, 따르다
- 责任[zérèn] [명] 책임
- 复杂性[fùzáxìng] [명] 복잡성
- 难度[nándù] [명] 난이도
- 任职者[rènzhízhě] [명] 직무를 맡은 사람, 재직자
- 划分[huàfēn] [동] 구분하다, 나누다
- 由低到高[yóu dī dào gāo] 낮은 곳부터 높은 곳까지
- 职务[zhíwù] [명] 직무
- 实际[shíjì] [명] 실제 [형] 실제에 부합하다, 실제적이다
- 名称[míngchēng] [명] 명칭, 이름
- 负责人[fùzérén] [명] 책임자
- 之上[zhīshàng] [명] ~의 위, 이상 ↔ 之下
- 对内[duìnèi] [명] 대내 ↔ 对外
- 掌管[zhǎngguǎn] [동] 맡아서 관리하다, 운영하다
- 经营决策[jīngyíng juécè] [명] 경영 전략
- 恰当[qiàdàng] [형] 타당하다, 적합하다
- 对应[duìyīng] [동] 대응하다 [형] 대응하는, 상응하는
- 相当于[xiāngdāngyú] ~와 같다, ~에 상응하다
- 无法[wúfǎ] [동] 방법이 없다, 할 수 없다
- 设立[shèlì] [동] 설립하다, 건립하다
- 辅佐[fǔzuǒ] [동] 보좌하다, 거들어 주다

팔선생 표현학습

1 职位等级是指根据工作责任大小、工作复杂性与难度，以及对任职者的能力要求而进行的分类。

직위나 계급은 일에 대한 책임의 크고 작음, 일의 복잡성과 난이도, 아울러 책임자에게 요구되는 능력에 근거하여 이루어진 분류를 뜻한다.

> '根据A而进行'는 '~에 근거하여 진행되다(이루어지다)'는 의미이다.
> * 본문에서 '而'은 뜻이 서로 이어지는 성분을 연결하는 역할을 한다.

[예] 皮肤保养应该根据季节而不同进行。
피부 손질은 계절에 따라 달리 이루어져야 한다.
我们要根据体质而进行饮食调养。
우리는 체질에 따라 음식으로 건강을 관리해야 한다.

2 中国的部门经理就相当于韩国的各部部长。

중국의 부문경리는 한국의 각 부 부장에 상당하다.

> '相当于'는 '~에 상당하다'의 의미로 비슷한 다른 대상이나 상태를 설명할 때 쓰인다.

[예] "请"这个词的意思相当于英语的"please"。
'请' 이 단어의 뜻은 영어의 'please' 에 해당한다.
一块人民币相当于韩币多少钱?
인민폐 1위안은 한화로 얼마에 해당해요?

연습문제

1. 대화를 듣고 질문에 대한 알맞은 답을 고르시오.

❶ (　　　　　)

A 辜负了大家的期望

B 她对项目经理不满意

C 女的舍不得离开现在的部门

❷ (　　　　　)

A 今天晚上男的请客

B 女的不想跟男的喝酒

C 男的算是一个妻管严

2. 들려주는 한 단락의 내용을 듣고 묻는 질문에 알맞은 대답을 고르시오.

❶ (　　　　　)

A 部门经理

B 副总经理

C 次长

❷ (　　　　　)

A 主任

B 社员

C 职员

3. 아래의 밑줄 친 부분에 알맞은 답을 고르시오.

　　首先, 韩国公司中, 最常见的职位等级　1) ＿＿＿ 低到高为: 社员-主任-代理-课长-次长-部长 (室长-理事-常务理事-副社长-社长-副会长-会长。中国公司的管理职务可以　2) ＿＿＿ 董事长、副董事长、总经理、副总经理、部门经理、项目经理、助理以及管理秘书等; 虽然两国公司里有些职位实际业务内容相似, 但是职位名称却不一样。比如说, 在中国一般公司的负责人叫做总经理, 副职是副总经理, 这和韩国公司的社长、副社长差不多。在总经理之上还有董事会,

> 在韩国叫做理事会。董事会对内掌管公司事务、对外代表公司的经营决策。它的负责人叫做董事长，这和韩国公司的会长类似。但是，韩国公司里的常务理事和理事这两个职务在中国公司中却很难找到一个　3)　的对应职位。

❶ A 按　　　　B 由　　　　C 据　　　　D 在
❷ A 分为　　　B 成为　　　C 变为　　　D 作为
❸ A 相反　　　B 合理　　　C 恰恰　　　D 恰当

4. 괄호 안의 글자를 이용하여 아래와 같이 중작하시오.

❶ 去北京　了　十·一黄金周　买到　的飞机票　终于

_____

❷ 我　舍　不得　扔　这些　旧　家具

_____

❸ 还是　你　看　"妻管严"　出来　个　呢　没

_____

5. 다음 제시된 단어와 그림을 연관 지어 80자 내외로 중작하시오.

优秀　帮助　表现　升职　祝贺

_____
_____
_____
_____。

중국문화 산책

중국 초보 운전자 멘트

중국도 차를 사는 젊은이들이 급격히 늘어나면서 대도시의 시내 주요 도로도 출퇴근 시간은 물론이고 낮 시간에도 교통체증으로 길이 막히는 것을 자주 볼 수 있다. 베이징(北京), 상하이(上海)의 도로 체증 현상은 오래 전부터 있어 왔으나 톈진(天津) 등 중소도시들도 최근 들어 교통 체증 현상이 심각해 지고 있다.

이런 현상은 차가 많아진 이유도 있지만 도로에 다양한 교통 수단이 공존하기 때문이기도 하다. 신호등이 없는 교차로나 신호등이 고장 난 경우에는 트럭, 승용차, 버스, 전동차, 자전거, 그리고 보행자가 교차로에 서로 엉겨 붙어 교차로를 통과하는 데 30분씩 소요되는 경우도 있다.

때로는 이러한 교통 체증에서 오는 짜증을 초보운전자들의 유머러스한 멘트가 한 번에 날려주기도 한다. 하얼빈 초보운전자들의 멘트를 모아 놓은 것이다.

> "新手上路 菜味很重" - "초보라 운전솜씨가 거칠어요"
>
> "着急你就飞过去" - "급하시면 날라서 지나가세요"
>
> "手潮心乱 越催越慢" - "손은 서툴고 마음은 혼란하고 재촉하시면 할수록 더 느려져요"
>
> "別追我, 我已婚" - "날 쫓아오지 마세요, 난 이미 결혼한 몸이에요"

한 택시 기사는 인터뷰에서 우물쭈물하고 있는 초보 운전자들을 보면 화가 치밀어 오르다가도 차 뒤에 붙은 재미있는 멘트를 보면 웃음이 나온다고 한다.

이제 중국도 교통 체증과 주차난이 사회적 골치거리로 등장하기 시작했다. 이를 해결하는 방법으로 도로 신설·확장과 더불어 시민들의 교통질서 의식 제고가 절실하다.

부록

八先生 중국어 Vol.6 스피킹중심

Vol.6 스피킹중심 본문해석

1과 본문 ❶

장원즈: 지혜야, 듣자 하니 지난 주말에 장교수님 강연을 들으러 갔었다며, 그래?

이지혜: 응, 장교수님은 중한문화방면에서는 전문가셔, 중국문화에 대해서 더 잘 이해하기 위해서 나는 친구들과 함께 갔었어.

장원즈: 강연이 어때?

이지혜: 얻은 바가 적지 않지, 예전에 한국과 중국의 풍속이 다르다는 것만 알고 있었는데 이번에는 양국의 공통점을 몇 가지 발견했어.

장원즈: 그래? 어디 좀 들어보자.

이지혜: 예를 들면, 중국과 한국은 유교 사상의 영향을 받아서 예의를 중시하지. 게다가 비슷한 역법을 사용하기도 해.

장원즈: 그렇지. 이게 바로 중국과 한국에 같은 명절이 많은 이유이기도 하지.

이지혜: 그런데, 일상생활 측면에서도 많은 차이가 있어.

장원즈: 예를 들어 말해보면?

이지혜: 예를 들면 한국인은 흰색은 순결하고 고귀한 상징이라고 여기는데, 중국에서는 오히려 흰색과 죽음이 관련 있다고 여겨서 길하지 못하다 생각해.

장원즈: 응, 정말 그러네! 너 이번 참관 수확이 작지 않은 것 같네!

1과 본문 ❷

외국인으로서, 중국인과 교류하는 과정 중 몇 가지 문화 차이와 금기사항에 조심해야 한다. 예를 들면, 중국인과 함께 밥을 먹을 때, 젓가락을 밥그릇에 꽂아서는 안 된다. 이것은 죽음을 예시하는 것으로 여겨질 수 있다. 게다가, 중국인에게 선물을 줄 때 시계를 선물해서는 안 된다.

'시계를 선물하는 것'과 '마지막을 보내다(장례를 치르다)'의 발음과 같기 때문이다. 그러나 '送终'의 뜻은 곧 돌아가시려는 분을 돌보거나 혹은 세상을 떠나신 분에게 장례를 치르는 의미이다.

결혼하는 사람이 있으면, 사람들은 축의금 혹은 축하 선물을 보내서 축하를 표시하는데, 축의금의 액수는 반드시 짝수여야 한다. 왜냐하면 중국인은 홀수는 사이가 좋지 않음을 의미한다. 그러나 한국에서는 축의금의 액수는 오히려 홀수로 해야 한다.

그 외, 중국 신혼부부의 선물로 우산은 안 된다. '우산'과 '흩어지다'의 발음이 같기 때문이다. 그리고 중국인은 가족과 배 하나를 나눠먹지 않는다. 왜냐하면 중국인들은 가족과 '배를 나눈다'는 것은 '헤어짐'을 나타낸다고 생각하기 때문이다. 이와 같은 것들은 모두 길하지 못하다.

2과 본문 ❶

이지혜: 원스야, 너 최근에 뭐하니? 왜 주말조차도 나한테 놀러 안 오는 거야?

장원즈: 나 말이야, 최근에 수양하고 있어!

이지혜: 수양한다고? 너 설마 태극권 연습하는 거였어?

장원즈: 하하, 사실 나 요즘 서예를 배우고 있어.

이지혜: 왜 갑자기 붓글씨를 배울 생각을 했어?

장원즈: 사실 서예는 예술일 뿐 아니라, 서예를 연습하는 것은 건강을 지키는 좋은 방법이야!

이지혜: 그렇게나 신비로운 거였어? 이야기 좀 해 봐. 좀 들어보게.

장원즈: 서예를 학습하는 과정 중에 손가락, 손목 그리고 팔뚝의 조화성과 유연성을 단련할 수 있고, 대뇌 우뇌의 발육을 촉진시킬 수 있기 때문이야.

이지혜: 들어보니까 정말 일리가 있네.

장원즈: 게다가 서예를 배우려면 인내심, 정교함과 변함없는 끈기가 필요해. 서예를 배우는 것을 통해서 사람들은 세심함과 인내심을 기를 수 있고 의지 강화에도 도움이 돼.

이지혜: 음, 네가 이렇게 말하니 나도 서예 좀 배워보고 싶은걸!

Vol.6 스피킹중심 본문해석

2과 본문 ❷

경극은 중국의 희곡 예술을 대표한다. 그래서 '국극'이라고도 불린다. 중국에서 가장 영향력을 가진 한족 희곡 중의 하나로 경극은 지금까지 이미 근 200년의 역사를 가지고 있다.

사실 경극은 4개 지역 연극의 종류에서 기원하였다.

첫 번째, 안후이성(안휘성) 일대의 후이쮜(휘극)에서 유행했다.

두 번째는 후베이(호북)의 한쮜(한극)에서 유행했다.

세 번째는 지앙쑤(강소) 일대의 쿤취(곤극)에서 유행했다.

네 번째는 산시(섬서)의 태극(타이쮜)에서 유행했다.

청나라 건륭 말기 이러한 극 종류는 서로 영향을 끼쳐 점차 융합 발전하여 현재의 경극이 되었다.

경극의 큰 특징은 사람 얼굴에 특정 색을 칠하여, 그 사람의 성격 특징과 역할을 상징한다.

간단히 말하면, 붉은 얼굴은 좋은 의미를 내포하며, 충성스럽고 용감한 것을 대표한다.

검은 얼굴은 용맹스럽고 지혜로움을 나타낸다. 파란 얼굴과 녹색 얼굴은 출생이 가난한 영웅을 대표한다.

노란 얼굴과 하얀 얼굴은 부정적인 의미를 함축하며, 간사하고 흉악한 것을 대표한다.

금색 얼굴과 은색 얼굴은 신비로움을 표시하며, 신과 요괴를 대표한다. 이런 분장은 고대의 종교와 무용 가면에서 기원하였으며 오늘날 많은 희곡 중 이런 전통을 보존하였다.

3과 본문 ❶

러러: 지훈아, 너 어제 저녁에 드라마 《연곡》 봤었니?

지훈: 당연히 봤지, 요즘 이 드라마는 진짜 인기 많잖아!

러러: 나는 특히 그 남자주인공을 좋아해!

지훈: 응, 잘생긴 것뿐만 아니라, 성격 또한 매우 좋아.

러러: 그래, 가장 중요한 것은 그가 마음이 한결같고, 시종일관 여자주인공 한 사람만을 사랑하는 거야.

지훈: 너 흥분하는 것 좀 봐. 너는 네 남자친구가 어떤 사람이면 좋겠니?

러러: 음, 나는 그가 진실되고, 밝고, 자기 주관이 있는 사람이었으면 좋겠어. 당연히 가장 중요한 것은 그가 나를 사랑해야만 돼! 너는 네 여자 친구가 어떤 사람이면 좋겠니?

지훈: 나는 내 여자 친구는 인품이 좋고, 따뜻하고 다정한 사람이면 좋겠어.

러러: 너 설마 네 여자 친구가 미인이기를 바라지 않는다는 것은 아니지?

지훈: 당연히 아니지! 만약 그녀가 예쁘고, 포용력이 있으며 학식도 있고, 경제 조건도 좋다면 그럼 더욱 훌륭하겠지!

러러: 아이고, 이렇게 말하다가는 조건이 그야말로 흠잡을 데 없이 완벽해지겠는데.

지훈: 그렇지! 이것이 내가 아직 진정한 여자 친구가 없는 원인이야.

3과 본문 ❷

중국의 혼례(결혼식) 풍속은 매우 복잡한데다 각 지방의 풍속이 다소 다른 부분이 있다.

하지만 이 중에 몇 가지는 중국 각지에 모두 있다. 먼저, 중국인의 결혼식 중 반드시 필요한 것은 약혼 예물과 혼수이다. 약혼 예물은 남자 쪽에서 성의를 표현하기 위해 여자 쪽에 선물과 축의금을 보내는 것을 가리킨다.

혼수는 여자 쪽에서 친정 집으로부터 시댁까지 가져가는 의복과 이부자리, 가구 그리고 기타 생활용품을 가리킨다. 중국 각지, 각 민족의 풍속 습관이 다르기 때문에 보내지는 선물과 혼수 또한 다를 수 있다.

다음으로는, 결혼 당일 날 신부는 가마를 타고 친정 집에서 시댁을 가는데, 현재 많은 지역에서 이미 가마를 사용하지 않고 승용차를 타는 것으로 바뀌었다. 대부분 신부는 결혼할 때, 경사스럽고 길함을 상징하는 빨간색 복장을 입는다. 비록 현재의 젊은 사람들은 하얀 신부 드레스를 입지만 결혼피로연 때는 반드시 빨간 예복으로 갈아입어야 한다. 피로연이 끝난 이후에는 '闹洞房'을 한다.

Vol.6 스피킹중심 본문해석

일반적으로 신랑과 신부의 친구들이 각종 방법을 생각해 내어 일부러 신혼부부를 놀려주는 것인데 그 광경이 매우 재미있다. 그러나 '闹洞房'은 소란을 피울수록 경사스러움을 의미하므로 신랑신부는 화를 내지 않을 것이며 그 장면 또한 재미있다.

4과 본문 ①

밍웨이: 러러야, 너 들었니? IBM 회사에서 우리 학교로 와서 취업설명회를 연다네.

러러: 그래? 언제?

밍웨이: 아마도 이번 주 수요일 오후 2시 1차 (교학) 건물의 계단 교실에서 일 거야.

러러: 내가 듣기로는 요즘 졸업은 바로 실업을 의미한다는데, 만약 우리가 장래에 순조롭게 취업할 수만 있다면 좋을 텐데.

밍웨이: 그래, 현재 직장 구하는 것이 예전에 비해서 훨씬 어려워졌어. 너 이후에 뭐 하고 싶니?

러러: 사실 나의 어렸을 때 꿈은 의사가 되는 것이었어. 의사가 환자의 고통을 없애주는데 대단히 위대하다고 생각해.

밍웨이: 그럼 너는 지금 어떻게 문과 공부를 하게 되었니?

러러: 말도 마. 난 화학 성적이 좋지 않아서, 문과 쪽으로 공부하게 되었어. 현재 내가 이상적으로 생각하는 직업은 교사야.

밍웨이: 선생님이 되는 것은 정말 좋은 거지. 자신이 터득한 지식을 학생에게 전수해줄 수 있을 뿐 아니라 매년 두 번의 긴 휴가가 있잖아.

러러: 그런데 이건 단지 내 꿈일 뿐이야. 이 꿈을 이루려면, 나는 아직 힘 내야 해!

밍웨이: 맞아, 화이팅! 열심히 하려는 마음만 있으면, 세상에 두려울 것이 없잖아!

4과 본문 ②

모든 기업은 자신만의 독특한 스타일을 가진다. 서로 다른 업무 환경은 서로 다른 직장 문화를 형성하게 된다. 유럽과 미국 기업은 직원의 개성을 중시해서 관리 방식도 엄격하지 않으며, 휴머니즘을 추구한다. 일본과 한국 기업은 계급이 분명하며, 모두 겸손하며 예의 바르다. 그러나 중국의 직장 문화는 아주 독특하게 보여진다. 보기에는 별다른 특별한 규정이 없어 보이나, 사실 그 안에는 몇 가지 기본 예의가 있다.

만약 당신과 상사 둘이서 함께 걷는다면, 당신은 상사의 뒤쪽 혹은 좌측에서 걸어야만 한다. 만약 당신이 여성이라면, 당신의 옷차림과 화장이 상사보다 더 예뻐서는 안 된다. 외부에서 접대 시, 손님이 상석에 앉기를 기다렸다가 당신이 앉아야 한다.

밥을 먹을 때는 만약 식탁에 생선이 있다면 생선머리를 손님을 향해 놓아야 하는데 이는 존중을 표시한다. 그러나 대부분 상황에서는 중국 직장 문화는 비교적 엄격하지 않으며, 심지어 부하 직원이 상사 앞에서 담배를 피울 수도 있으며, 상사와 소소한 농담을 할 수도 있다.

5과 본문 ①

샤오찐: 지혜야, 너 세계에서 3대 무알코올 음료수가 무엇인 줄 아니?

이지혜: 당연히 알지, 커피, 코코아, 차야.

샤오찐: 맞아, 그럼 너 차에 대해 어떤 걸 알고 있니?

이지혜: 나 그다지 잘 모르겠어. 중국인은 차 마시는 것을 그렇게 좋아하는데, 아님 네가 나한테 소개 좀 해봐.

샤오찐: 나도 최근에서야 차를 이해하기 시작했어. 대부분 젊은 사람들은 모두 커피 마시는 것을 더 좋아하니까.

이지혜: 그렇지, 나도 찻잎의 맛은 쓰다고 느껴, 썩 좋아하는 건 아니야.

샤오찐: 사실, 찻잎은 음료수가 될 뿐 아니라, 아주 큰 약용가치가 있기도 해.

Vol.6 스피킹중심 본문해석

이지혜: 그래? 찻잎은 모두 어떠한 효능이 있니?

샤오찐: 찻잎 속의 알칼로이드(식물 염기)가 신진대사를 촉진시켜 줄 수 있어 소화를 도와주며 지방을 분해하는 작용이 있어. 게다가 다양한 비타민과 미량 원소를 함유하고 있어.

이지혜: 아, 어쩐지 중국인이 특히 차 마시는 걸 좋아하더라.

샤오찐: 맞아, 차를 마시는 것은 피로를 없애줄 뿐 아니라, 사람으로 하여금 기운을 차리게 해주지.

이지혜: 이 점은 커피와 비슷하네. 그래서 사람들이 자기 전에 차를 마셔서는 안 된다고 하는구나.

5과 본문 ❷

중국인은 '문을 나서는 7가지 일로, 땔나무와 쌀, 기름, 소금, 장, 식초, 차' 라고 자주 말한다.

이 속담 중에 우리는 차가 중국인의 일상생활 중에 얼마나 중요한 자리를 차지하는지 알 수 있다.

중국인이 차를 마신 역사는 매우 유구하다. 최초에 차는 음식과 약재로써 사용되었다.

나중에 이르러서는 점차 음료의 한 종류가 되었다. 차는 몸을 강하게 하고 건강을 보호하는 효능을 가졌을 뿐 아니라, 하나의 예술로 발전하였으며 마음을 수양한다.

만약 당신이 중국인 집에 손님으로 간다면, 그는 반드시 먼저 따뜻한 차를 들고 와서 당신을 접대할 것이다. 손님과 주인이 이야기를 나눌 때, 주인이 손님의 찻잔에 계속 물을 따라주는 것은 관심을 나타낸다. 그러나 만약 날이 어두워지고 늦었는데 주인이 당신의 찻잔에 물을 더 따라주어 당신에게 차를 마시게 한다면, 당신은 빨리 작별을 고해야 한다.

이것은 중국의 일반화된 관례이며, '차를 내어와 손님을 보내다' 라고도 부른다. 마시는 것 외에 많은 식품 중에도 찻잎을 사용하여 맛을 내기도 한다. 예를 들면 찻잎을 넣어 삶은 계란, 찻잎을 넣어 만든 국수 등등. 이런 식품은 맛도 독특할 뿐만 아니라 인체 건강에 아주 유익하다.

6과 본문 ❶

이부장: 호진 군, 오늘 첫 출근이니, 내가 데리고 다니면서 회사 환경을 파악할 수 있도록 해주지.

호진: 정말 고맙습니다. 이부장님.

이부장: 그렇게 생각하지 말게. 오늘부터 우리는 회사 동료이니 서로 잘 협력하세.

호진: 저는 아직 아무것도 모르니, 저 좀 많이 도와주세요. 아참, 우리 부서에는 어떤 사람들이 있습니까?

이부장: 우리 해외사업부는 호진 군을 포함해서 모두 5명이지, 나를 제외하고 장핑, 왕통과 린샤오쉬에가 있어.

호진: 갑자기 이렇게 많은 새동료가 생기니 정말 신기하네요. 하지만 모두가 저를 반겨줄지 조금은 걱정되네요.

이부장: 음, 걱정하지 말게. 우리 부서 동료들은 성격들이 모두 좋고 사이도 각별하지. 모두 자네가 오길 기대하고 있어.

호진: 제가 좀 내성적이라서요. 사람들과 빨리 익숙해질 수 있었으면 좋겠네요.

이부장: 음. 장핑, 왕통, 린샤오쉬에 모두 외향적이야, '쉽게 친해질 수 있는 사람' 이라 할 수 있지. 하지만 장핑과 왕통은 성격이 비교적 급해서, 어떤 일을 하더라도 빨리 하려고 하는 반면, 린샤오쉬에는 느긋한 사람이라 일할 때 느긋한 편이기에 자주 장핑과 왕통을 초조하게 만들지.

호진: 제가 보기에 느린 성격과 급한 성격은 각각의 장점이 있는데요.

이부장: 맞아. 우리는 장점을 취하고 단점을 버려야 해.

호진: 이렇게 많이 말하셨는데요. 부장님의 성격이 어떠신지는 말씀 해주시지 않으셨네요.

6과 본문 ❷

왕푸징 보행자 거리는 수백 년의 유구한 역사를 가지고 있는 저명한 상업 지역이다. 베이징에서 골드거리의 명예를 누리고 있으며 (승객의) 유동량이 대략 매일 60만 명이며, 휴무일에는 120만 명을 넘어선다.

Vol.6 스피킹중심 본문해석

왕푸징은 베이징시 중심의 동창안거리 북측에 위치하며, 가장 이르게는 원대에 형성되었으며 지금으로부터 700여 년이 되었다.

청대에 이 큰 거리에 전부 8곳의 왕부(왕이 살던 저택)와 공주부(공주가 살던 저택)가 지어졌다. 후에 왕부에 마실 물을 제공하기 위해 우물을 팠다. 그래서 이 거리는 왕푸징(왕부정)이라 불린다.

이 거리는 골동자서화, 비단기성복, 신발과 모자, 도자기, 가구, 고서, 중국음식점, 레스토랑, 길거리 음식 등 각종 먹을 것, 입을 것, 사용할 것을 경영하는 가게가 있다.

그 중 몇 상품은 매우 유명하다. 예를 들면 루에이푸시앙(서부상)의 비단, 왕마즈(왕마자)의 가위, 취앤쮜드어(전취덕)의 오리구이, 리우삐쥐(육필거)의 장아찌, 그리고 티엔푸하오(천복호)의 장조림 등등. 이러한 특산품은 이미 외지인, 심지어 외국인들이 베이징에 와서 제일 먼저 선택하는 선물이 되었다. 현재, 왕푸징거리는 이미 외국인이 중국을 이해하는 창이 되었다.

7과 본문 ❶

지훈: 원스야, 너 요즘 뭐가 그렇게 바쁘니?

원스: 별다른 특별한 일 없어, 보고서 쓰려고 했지, 너는?

지훈: 나 요즘 답답하네. 매일 무엇을 해도 흥이 나질 않고, 집중력도 떨어지고 어떤 때는 이유 없이 안절부절 못해.

원스: 아, 나 알겠다. 너 이 몇 가지가 모두 심리 아건강의 증상이야.

지훈: 심리 아건강? 이건 무슨 병인데?

원스: 이건 병이라 할 순 없지만 건강함과 질병의 과도기적 상태지, 쭉 계속된다면 너의 몸과 마음 건강을 해칠 수 있어.

지훈: 그러면 너 이런 상황을 개선할 수 있는 어떤 좋은 방법이 있냐?

원스: 네가 늘상 컴퓨터 앞에 앉아 있지 말았으면 좋겠어. 배낭 메고 여행 한번 다녀와. 산수를 좀 봐봐, 마음도 자연히 좋아질 거야.

지훈: 이건 좋은 방법이네, 나 돌아가서 한번 해봐야겠어.

원스: 결론적으로 생활 중의 작은 즐거움을 발견하는데 주의를 기울여 봐. 스스로 마음을 유쾌하게 유지하는 것이 가장 중요해.

7과 본문 ❷

중국에서 생활한 적이 있는 외국인은 자주 한 가지 일에 당혹함을 느낀다.

그건 바로 중국인이 시간의 개념에 매우 느슨하다는 것이다.

설령 버스가 자주 시간표에 따라 제때 정류장에 도착하지 않더라도, 의외로 아무도 이것으로 화를 내지 않는다.

중국인은 시간에 정말 이렇게 개의치 않는 건가? 사실 이것은 아마도 중국의 문화 분위기와 지리 자연조건 때문에, 중국인의 급하지도 느리지도 않은 성격을 기른 듯 하다.

중국과 서양의 시간 개념의 차이는 중국과 서양 문화 중의 특징적인 점이다.

서양에서 사람들은 시간의 개념이 매우 정확하다. 그러나 중국인은 시간의 개념이 비교적 모호하다.

일상생활 중에 이러한 차이를 곳곳에서 볼 수 있다.

예를 들면, 중국인이 친구를 방문하거나, 약속에 급히 갈 때, 어떤 때는 만나는 시간을 결코 몇 시 몇 분으로 고정해서 하지 않고 오전, 오후 식의 시간 단위로 정한다.

어떤 때 중국인이 당신에게 한 '곧 갈게요' 라는 말은 사실 빨리 곧 도착한다는 말이 결코 아니며 '어느 정도 시간이 지나서' 의 의미를 띈다. 이 '어느 정도 시간' 에 얼마나 긴지에 대해서는 그건 사람마다 다르다.

8과 본문 ❶

러러: 지훈, 빨리 들어오렴!

지훈: 러러야, 네가 새로운 집으로 이사한 걸 축하해!

Vol.6 스피킹중심 본문해석

러러: 고마워. 어머, 너희들이 온 것만으로도 되는데, 뭘 이런걸 가져 왔어!

지훈: 네가 뭘 좋아하는 지 몰라서, 난초 하나 가져왔어, 듣자니까 난초가 공기 중에 잔류하는 인테리어 유해 물질을 흡수해 줄 수 있대.

러러: 그래? 그럼 정말 관상도 할 수 있고 실용적이기도 하네! 너네 너무 고마워. 빨리 앉으렴, 내가 차 따라 갈게.

지훈: 러러야, 너 집 진짜 예쁘네. 방 구조가 좋고, 채광도 좋아.

러러: 나도 여러 집을 보고서야 이곳으로 이사 오기를 결정했어. 집의 채광이 비교적 좋아서 맘에 들었어.

지훈: 러러야, 좀 쉬어라. 우리 좀 앉았다가 바로 갈 거야.

러러: 어떻게 그러니. 오늘 네가 집들이 하러 왔는데, 꼭 우리 집에서 밥 먹고 가야지.

지훈: 어떻게 그렇게 해. 너무 너를 귀찮게 하네.

러러: 안 귀찮아, 안 귀찮아. 내가 만든 일상요리야, 너희가 싫어하지만 않으면 돼. 먼저 차 좀 마셔, 금방 밥 먹을 수 있어.

지훈: 그럼 우리 체면 안 차릴게!

8과 본문 ❷

오늘 제가 여러분에게 가정 요리 중 하나인 토마토계란볶음을 소개하고자 합니다. 이 요리는 간단하고 배우기 쉬워서, 거의 모든 중국인들이 만들 수 있어요. 그것의 맛이 조금 새콤달콤해서 많은 외국인들도 비교적 이 요리를 좋아해요.

먼저 우리가 준비한 재료로는 토마토 2개, 계란 3개, 맛을 내기 위한 파, 소금, 닭고기 다시다가 있어요. 우선 물을 끓여 토마토를 데쳐요. 이렇게 하면 토마토의 껍질이 쉽게 벗겨져요. 그것을 조각으로 썬 뒤 준비해 두어요. 그런 다음 계란을 깨고 소금을 좀 넣어요. 뜨거운 기름을 프라이팬에 두르고, 뒤집개로 계란이 한데 응고될 때까지 계속해서 뒤집어 볶아요.

볶는 시간은 너무 길면 안 되는데, 이렇게 볶아진 계란은 아주 부드러워요. 그 다음 다 볶은 계란을 뒤집어 꺼내어, 다시 프라이팬 위에 기름을 조금 두르고, 기름 온도가 200도가 되면 미리 준비해 둔 잘게 썬 파와 토마토 조각을 함께 프라이팬에 넣어요. 토마토가 거의 다 익기를 기다렸다가 소금 조금과 닭고기 다시다를 넣고 다시 방금 잘 볶은 계란을 냄비에 고루 잘 볶으면 이 요리는 완성입니다. 어때요? 간단하지요? 오늘 집에 가서 이 요리를 한번 해보세요.

9과 본문 ❶

지훈: 러러야, 너 어째서 얼굴 찌푸리고 있니? 무슨 일 생겼어?

러러: 말도 마, 나 3킬로그램이나 쪘어.

지훈: 아이구, 나는 무슨 큰일 난 줄 알았네, 너 살쪘니? 그렇게 안 보이는데?

러러: 이게 큰 일이 아니냐, 나 아침에 청바지를 입는데 단추가 안 채워지려 했어!

지훈: 그렇게나 심하냐, 그럼 다이어트 해보는 게 어때?

러러: 곧 여름이 다가오는데, 나도 날씬하게 좀 변해보고 싶어, 근데 어떻게 해야 빠지는지 모르겠어.

지훈: 내가 듣기로는 다이어트는 운동과 식이요법을 병행해야 한대. 헬스장에 꾸준히 가고 저칼로리의 음식을 먹으면 돼.

러러: 근데 나는 진짜 운동을 안 좋아하는데, 운동 안 하고는 효과 있는 다이어트 방법 없을까?

지훈: 있기는 있겠지. 다이어트 약을 먹는 거라든지, 한방 다이어트 침을 맞는 거지, 그런데 내 생각에는 이런 방법이 그다지 건강하지는 않은 것 같아.

러러: 응, 나도 이런 방법이 부작용이 있거나 앞으로 요요현상이 나타날 까봐 무서워.

지훈: 맞아, 방법 있어, 요가 다이어트 해보는 것이 좋을 것 같아. 근데, 어떤 방법이든 꾸준히 하는 것이 필요해.

Vol.6 스피킹중심 본문해석

9과 본문 ❷

매일 10여 시간 일을 하고 일주일에 6~7일을 일하며, 불규칙적인 식습관, 잠도 깊게 못 자는 것, 이것이 최근 사무실 화이트칼라족의 일과 생활 상태이다.

이런 생활은 심각하게 그들의 건강상태를 망가뜨렸다. 장기간 업무를 함에 따라 몸에 여러 가지 불편한 부분이 나타나는데 어떤 이는 이것을 통칭하여 '오피스증후군'이라고 부른다.

구체적인 증세로 어지러움, 두통, 나른함, 가슴답답증이다.

젊은 샐러리맨들은 이러한 상황이 발생했을 때 어떻게 건강을 보호해야 하는지에 점점 관심을 갖고 있다.

결론적으로 먼저 체육단련을 강화해야 한다. 운동은 사람으로 하여금 마음이 상쾌하게 해주며, 좋지 않은 정서를 제거하는 데 도움이 된다. 매일 30분에서 40분 정도 빨리 걷기, 천천히 뛰기, 수영, 태극권 등의 유산소 운동을 꾸준히 해야 한다. 가장 간단한 방법은 엘리베이터를 적게 타고, 계단을 많이 걷는 것이다. 계단을 오르는 것은 심혈관에 유익하고 또한 당신의 다리 근육을 단련시켜 줄 것이다. 그리고 규칙적인 생활, 매일 8시간의 수면 시간을 유지해야 하며, 영양은 균형적이며 충분해야 한다. 특히 충분한 단백질과 비타민이 있어야 하며, 신선한 채소와 과일을 많이 먹어야 한다.

마지막으로 사무실과 집에서 자연 환기를 해야 하며 가급적 컴퓨터, 휴대폰, 전자레인지 등을 적게 사용하여야 한다. 이렇게 한다면, 당신의 몸은 하루가 다르게 건강해질 수 있다!

10과 본문 ❶

샤오짠: 안녕하세요, 백설냉장고 애프터서비스(AS)센터입니까?

직원: 네, 그렇습니다. 무슨 문제 있으세요?

샤오짠: 우리 집 냉장고가 고장 나서 수리서비스를 신청하고 싶은데요.

직원: 알겠습니다, 냉장고에 어떠한 고장이 있나요? 언제부터 그랬지요?

샤오짠: 저희 집 냉장고의 냉동실이 어제부터 냉동이 안 되네요, 어제 저녁에 (냉동고) 안에 음식들이 녹았어요.

직원: 불편을 드려 매우 죄송합니다. 현재 수리서비스를 예약해 드릴 텐데요. 내일 오전 10시에 괜찮으십니까?

샤오짠: 내일 오전에 일이 있어서 외출을 해야 하는데, 오후에 괜찮을까요? 오시기 전에 전화 한 통 주세요. 전화번호는 7858852입니다.

직원: 네, 고객님 냉장고는 어떤 모델인가요, 언제 구매하셨지요?

샤오짠: 모델은 BX-290이며, 대략 4년을 사용했어요.

직원: 죄송하지만, 고객님의 냉장고는 벌써 3년의 보증 기간을 넘기셨습니다. 만약 방문 서비스를 받으시려면, 어느 정도의 비용을 받습니다, 괜찮으세요?

샤오짠: 예, 압니다, 괜찮습니다. 빨리 수리만 해주시면 돼요. 급히 사용해야 되거든요.

직원: 네, 내일 오후 5시에 수리하시는 분이 고객님을 위해 방문수리 하실 테니 집에서 기다려주십시오.

10과 본문 ❷

하이얼그룹은 백색가전 제1의 브랜드이며, 1984년에 중국 칭다오(청도)에 창립하였다.

장루이민(장서민)이 하이얼그룹의 주요 창립자이다. 2009년까지 하이얼 그룹은 전세계에 29개 제조기지, 8개 종합연구센터와 19개 해외무역회사를 건립했고 전 세계 직원이 6만 명이 넘었으며, 게다가 2011년에 하이얼의 거래액이 1,509억원에 달했다. 주로 과학기술, 공업, 무역, 금융 네 가지 중견 산업이 있고, 명실상부한 글로벌그룹이 되었다. 하이얼은 일찍이 영국의 'Financial Times 파이낸셜 타임즈지'로부터 '중국 10대 세계급 브랜드' 중 최고 기업으로 선정되었다.

하이얼 브랜드 중에서 냉장고, 에어컨, 세탁기, 텔레비전, 온수기, 컴퓨터, 핸드폰, 가구 등 18종류 제품 또한 중국 명품으로 선정되었다.

Vol.6 스피킹중심 본문해석

하이얼은 기업 자체의 안정적인 발전을 도모하는 동시에, 시종일관 기업의 사회책임을 중시하며 적극적으로 교육, 자선 등 사회공익사업에 종사하며 사회에 보답하려 하고 환경개선과 지속 가능한 발전에 애써 사회 각계의 많은 지지를 얻고 있다.

11과 본문 ①

러러: 지훈아, 너 중국어 공부는 어떻니?

지훈: 그럭저럭. 중국어가 재미있기는 재미있는데, 한자는 정말 너무 어려워.

러러: 한국도 한자를 사용하는 거 아니었어?

지훈: 한국에서 사용하는 한자는 번체자인데 반해 현재 배우는 것은 간체자라서 말이야. 글자 한 글자 한 글자 새로 배워야 하잖아.

러러: 그랬었구나, 한자는 쓰는 것이 쉽지는 않지. 어떤 외국인은 한자를 쓰는 것이 그림을 그리는 것 같다고 하더라고.

지훈: 내 생각엔 가장 어려운 것이 아마도 다음자 같아. 한 한자가 몇 개의 발음을 가지고 있으니, 어떤 때 어떤 음으로 읽히는지 정해진 규칙도 없고.

러러: 맞아, 다음자의 학습은 오로지 외우는 것에 달려 있지. 시간을 많이 할애해 봐.

지훈: 중국어를 공부하는 데 설마 어떤 요령이 없는 것은 아니겠지?

러러: 왜 없겠니? 한자 중에 대부분이 형성자인데, 한자의 반은 이 글자의 독음을 나타내고 나머지 반은 뜻을 의미하지.

지훈: 오, 그렇게 하면, 암기하고 이해하기 훨씬 쉬워지겠다.

러러: 그렇지. 뭐를 공부하든 간에, 비결을 알면 틀림없이 적은 노력으로 많은 성과를 올릴 수 있어!

지훈: 러러, 너 진짜 대단하다. 내 선생님 해도 되겠다!

11과 본문 ②

중국은 다민족, 다언어, 다문화의 국가이다. 한족을 포함해서 모두 56개 민족이 80종 이상의 방언을 사용한다. 이것은 사회가 발전하는 중에 서로 다른 정도의 분열과 통일이 나타났기 때문이며, 그래서 중국어로 하여금 점점 방언이 생기게 했다. 방언 분포의 지역은 아주 넓다. 각 방언간의 차이는 주로 음운, 어휘, 어법 등 여러 측면에서 나타났는데 음운이 가장 두드러진다.

그래서 설사 중국인이라 하더라도 외지에 갔다면 그곳의 방언을 반드시 이해할 수 있다고는 할 수 없다. 중국은 주로 7대 방언 지역으로 나뉜다: 북방방언, 오방언, 민방언, 월방언, 객가방언, 감방언과 상방언이다.

그러나 이러한 방언 간의 음운 상에 일정한 대응규칙이 있기 때문에 어휘, 어법 방면 또한 많은 공통 부분을 가지며, 그래서 그것들은 독립된 언어라고는 할 수 없다.

12과 본문 ①

장사장: 샤오찐, 승진했다고 들었어요. 축하합니다.

샤오찐: 고마워요. 사실 별거 없어요. 단지 프로젝트 책임자일 뿐입니다. 이번 구시가지 재개발공사를 책임지는 거죠.

장사장: 너무 겸손하신데요. 이 모든 것이 평소 노력한 결과입니다!

샤오찐: 사장님과 동료들의 저에 대한 신뢰에 감사 드려야죠. 반드시 여러분 기대를 져버리지 않도록 열심히 일해야죠.

장사장: 언제 취임합니까?

샤오찐: 다음주부터 시작해서 새로운 부서로 옮깁니다. 오랜 동료와 헤어질 생각만 하면, 아주 아쉽지요.

장사장: 괜찮아요, 어쨌든 그렇게 멀지도 않은데, 시간 나면 우리가 가서 만나도 되고.

샤오찐: 감사해요. 맞다, 내일 저녁에 '티앤치아춘(천하춘)'에서 한 턱 내려고 하는데 꼭 오세요.

Vol.6 스피킹중심 본문해석

장사장: 당연하죠. 당신의 승진주는 제가 꼭 마셔야죠. 우리 내일 꼭 취할 때까지 마십시다!

샤오찐: 제가 만약 술에 취한다면 제 부인이 집에 들어오지 못하게 할거에요.

장사장: 오, 당신이 공처가인줄 몰랐네요.

12과 본문 ❷

직위와 계급은 일에 대한 책임의 크고 작음, 일의 복잡한 정도, 난이도, 아울러 그 직위와 계급을 가진 자에게 요구되는 능력을 통해 분류한 것이다. 하지만 한국 회사와 중국 회사에서 직위와 계급의 구분이 완전히 일치하는 것은 아니다. 오늘 (이 부분에 대해서) 여러분께 소개하고자 한다.

먼저 한국 회사에서 가장 자주 볼 수 있는 직위와 계급은 낮은 순에서 높은 순으로 사원-주임-대리-과장-차장-부장(실장)-이사-상무이사-부사장-사장-부회장-회장이다. 중국 회사의 관리 직책은 동사장, 부동사장, 총경리, 부총경리, 부문경리, 항목경리, 조리 및 관리비서 등이 있다. 비록 두 국가의 회사 안에서 일부 직위의 실제 업무가 비슷하다고 하나, 직위 이름은 오히려 다르다. 예를 들어, 중국의 일반적인 회사의 책임자를 총경리라고 하고 보좌직으로는 부총경리라고 한다. 이는 한국 회사의 사장과 부사장에 맞먹는다. 총경리 위에는 동사회가 있는데 이는 한국에서 이사회라고 불린다. 동사회(한국의 이사회)에서는 내부적인 회사 업무를 관리하거나, 대외적으로 회사를 대표하여 정책을 결정하는 역할을 한다. 동사회를 책임지는 사람을 동사장이라고 하는데 이는 한국의 회장과 비슷하다. 중국에서 부문경리는 한국의 각 부서의 부장에 해당하며, 한국 회사의 차장, 과장, 대리, 주임의 분류 방식은 중국에서 찾아보기 힘들다. 다만 중국 회사의 항목경리는 어떤 전문적인 업무를 조직하는 책임자적 지위를 가지며, 우리가 자주 이야기하는 PM에 해당한다. 코디네이터와 비서는 이러한 관리자를 보좌하는 직위를 뜻하며, 당연히 한국 회사의 사원은 중국 회사의 직원에 해당한다.

연습문제 답안

제1과

1. (1) 녹음 대본

男: 听说你上个周末去听了张教授的演讲, 是吗?
女: 是啊, 张教授是中韩文化方面的专家, 为了能够更加了解中国文化, 我就和朋友们一起去了。
男: 你觉得演讲怎么样?
女: 受益匪浅, 以前我只知道韩国与中国的风俗不同, 不过这次我也发现了一些两个国家的共同点。
男: 是吗? 说来听听。
女: 比如说, 中国和韩国都受到儒家思想的影响, 注重礼仪。
问: 女的认为中国和韩国的共同点在哪儿?

정답: B

1. (2) 녹음 대본

女: 中国和韩国都使用相同的历法。
男: 没错, 这就是中国和韩国有很多相同节日的原因!
女: 但是, 中国和韩国在日常生活方面也有很多的差异。
男: 比如说呢?
女: 比如说韩国人认为白色是纯洁高贵的象征, 但是中国人却认为白色与死亡有关, 不太吉利。
男: 嗯, 还真是这样! 看样子你这次的听讲收获不小啊!
问: 根据对话, 可以知道什么?

정답: B

2. 녹음 대본

第1到2题是根据下面一段对话:

　　作为一个外国人, 在与中国人的接触中需要注意一些文化的差异以及禁忌。比如, 在和中国人一起吃饭的时候, 不能将筷子插在饭碗里, 这会被认为是预示死亡。而且, 给中国人送礼的时候不能送钟表。因为"送钟"和"送终"发音相同。而"送终"的意思是照顾一个快要去世的人或给去世的人办丧事。有人结婚的时候, 大家都会赠送礼金或礼品表示祝贺, 但是礼金的数额必须是双数才行。因为中国人认为单数是关系不和睦的意思。但是, 在韩国, 礼金的数额却得是单数。另外, 给中国新婚夫妇的礼物 也不能是雨伞。因为"伞"和"散"同音。还有, 中国人不和家人分吃一个梨, 因为他们觉得如果和家人"分梨"就代表着"分离"。这些都是很不吉利的。

1) 本文当中没有提到的禁忌是什么?
2) 谐音现象当中正确的是什么?

정답: 1) C 2) B

3. 1) A 2) B 3) D

4. 1) 电子邮件与普通信件相比, 前者有很多优点。
    2) 中国和韩国都受到儒家思想的影响 。
    3) 中国人认为单数是关系不和睦的意思。

5. 我在中国留学的时候, 有一次去参加一个朋友的结婚典礼了。到婚宴大厅后发现, 很多人手里拿着一个红色的"信封"。到那里我才得知, 原来红色象征喜庆, 在中国送礼金的时候, 人们把礼金放在红色的"信封"里, 而且叫做红包。在韩国, 无论是红白喜事, 都用白色的信封。红包是中国独特的一种文化习俗。

제2과

1. (1) 녹음 대본

男: 你最近都在干什么啊? 怎么周末也不来找我玩儿啊?
女: 我啊, 最近在修身养性!
男: 修身养性? 难道你在练习太极拳吗?
女: 哈哈, 其实, 我最近在学习书法!
男: 怎么突然想起来学写毛笔字了?
女: 其实书法不光是一门艺术, 而且练书法还是一种养生保健的好方法呢!
问: 女的最近都在干什么?

정답: C

연습문제 답안

1. (2) 녹음 대본

女: 我最近学习书法呢, 在学习书法的过程中, 可以锻炼手指、手腕以及手臂的协调性和灵活性, 促进大脑右脑的发育。

男: 听起来还挺有道理的嘛。

女: 而且学习书法需要耐心细致, 持之以恒。通过学习书法, 人们可以养成细致耐心的良好习惯, 同时有益于锻炼意志。

男: 嗯, 让你这么一说, 我也想学学书法了!

问: 根据对话, 可以知道什么?

정답: B

2. 녹음 대본

第1到2题是根据下面一段对话:

京剧代表着中国的戏曲艺术, 所以又被称为"国剧"。作为中国最具影响力的汉族戏曲剧种之一, 京剧至今已有将近二百年的历史。其实京剧起源于四个地方的剧种: 一是流行于安徽省一带的徽剧; 二是流行于湖北的汉剧; 三是流行于江苏一带的昆曲; 四是流行于陕西的秦剧。在清朝乾隆末期这些剧种相互影响, 逐渐融合发展成为现在的京剧。京剧的一大特点是, 在人的脸上涂上某种颜色用来象征这个人的性格特点和角色。简单地说, 红脸含褒义, 代表忠勇; 黑脸代表勇猛智慧; 蓝脸和绿脸代表出身贫穷的英雄; 黄脸和白脸含贬义, 代表奸诈凶恶; 金脸和银脸表示神秘, 代表神或妖。这种脸谱起源于古时的宗教和舞蹈面具, 今天许多戏剧中都保留了这种传统。

1) 本文当中不正确的是什么?

2) 关于京剧正确的是什么?

정답: 1) C 2) B

3. 1) C 2) D 3) B

4. 1) 办公室里不准抽烟, 你们难道不知道吗?
   2) 其实我小时候的理想是当一名医生。
   3) 我从小就养成了早睡早起的好习惯。

5. 一直以来, 我很想学书法。写一手好字, 会给人留下好印象。而且, 据说书法有益于修身养性, 能够陶冶情操。练书法不就是一举两得吗? 既可以练字, 又可以养性。我下定决心, 从下个星期开始报名参加书法培训班。

제3과

1. (1) 녹음 대본

女: 你昨天晚上看电视剧《恋曲》了吗?

男: 当然看了, 最近这部电视剧可是很红的!

女: 我特别喜欢里面的那个男主角!

男: 嗯, 不仅长得帅, 而且性格还非常好。

女: 是啊, 最重要的是, 他感情专一, 从头到尾他都只爱女主角一个人。

问: 关于《恋曲》我们可以知道什么?

정답: A

1. (2) 녹음 대본

女: 你希望你的女朋友是个什么样的人呢?

男: 我希望我的女朋友是一个人品好、温柔体贴的人。

女: 你难道不希望自己的女朋友是个美女吗?

男: 怎么不希望! 如果她不仅漂亮、大度, 而且有学识, 经济条件还很好, 那样就更完美啦!

女: 哎呀, 要是这么说下去的话, 那条件简直是无可挑剔了。

问: 关于这段对话我们可以知道什么?

정답: C

2. 녹음 대본

第1到2题是根据下面一段对话:

中国的婚礼习俗十分繁复, 并且各个地方的习俗多少都有些不同。但是有些习俗是各地共有的: 首先, 中国人的婚礼中必须要有聘礼和嫁妆。聘礼是指男方为了表达诚意送给女方的礼品以及礼金。嫁妆是指女方从娘家带到婆家去的衣被、家具及其他日用品。但是由于中国各地、各民族的风俗习惯不

연습문제 답안

同, 所送的礼金、嫁妆也会不同。其次, 在结婚当天, 新娘子会坐着轿子从娘家到婆家。但是现在很多地方已经不使用轿子而是改为乘坐轿车了。大部分新娘在结婚的时候都会穿象征喜庆吉祥的红色服装。虽然现在的年轻人也穿白色的婚纱, 但是在举行婚宴的时候也一定会换上红色的礼服。婚宴结束后就是"闹洞房"了。一般是由新郎和新娘的朋友们想出各种办法来故意捉弄新婚夫妇, 场面十分有趣。但是因为"闹洞房"意味着"越闹越喜庆", 所以新郎新娘也不会生气。

1) 本文当中不正确的是什么?
2) 关于闹洞房, 我们可以知道什么?

정답: 1) A 2) A

3. 1) D 2) B 3) A

4. 1) 从头到尾他都只爱着女主角一个人。
   2) 那条件简直是无可挑剔了。
   3) 你们需要什么样的生活?

5. 明天是我的结婚五周年纪念日。我和我的爱人是大学同学, 大学毕业之前, 我们开始相爱, 谈了三年恋爱, 然后步入了结婚礼堂。我的爱人是一个体贴善良的女人, 她非常善解人意。我们的小日子过得很幸福, 就像一句歌词, 我真希望"和她一起慢慢变老"。

제4과

1. (1) 녹음 대본

男: 你听说了吗? IBM公司要来咱们学校开招聘说明会了。
女: 是吗? 什么时候啊?
男: 好像是这个星期三下午两点, 在1号教学楼的阶梯教室。
女: 我最近听说最近毕业就意味着失业, 要是我们将来能顺利地就业就好了。
男: 是啊, 现在找工作比以前难多了。
问: 他们在说什么?

정답: A

1. (2) 녹음 대본

女: 你以后想做什么工作?
男: 其实我小时候的理想是当一名医生, 我觉得医生能帮助病人解除痛苦, 特别伟大。
女: 那你现在怎么学了文科啊?
男: 别提了, 我的化学成绩不太好, 所以就学文科了。现在我的理想是做一名老师。
女: 当老师确实挺不错的, 不仅能把自己掌握的知识传授给学生, 每年还有寒暑假呢!
男: 不过这还只是我的理想而已。要想实现这个理想, 我还得加把劲儿呢!
问: 男的理想当中不包括是什么?

정답: B

2. 녹음 대본

第1到2题是根据下面一段对话:

每一个企业都有自己独特的风格, 不同的工作环境会形成不同的职场文化。欧美企业重视员工的个性, 所以管理风格比较轻松、人性化; 日本、韩国企业等级制度分明, 人人都谦逊礼貌; 而中国的职场文化就显得很独特, 看起来没有什么特别的规定, 但其实里面也有着一些基本礼仪。如果你和领导两个人在一起走, 那么你应该走在领导的后边或者左边。如果你是一位女性, 那么你的穿着和打扮不能太漂亮, 以免盖过领导。在外应酬时, 要等客人在主座坐好后, 你才能坐下。吃饭的时候, 如果饭桌上有鱼, 应该将鱼头朝向客人摆放, 表示尊重。不过, 在大部分情况下, 中国的职场文化是比较轻松的。属下甚至可以在领导面前抽烟, 和领导开个小玩笑。

1) 关于欧美企业, 没有提到的是什么?
2) 关于中国的职场文化正确的是什么?

정답: 1) C 2) C

3. 1) D 2) A 3) B

4. 1) 现在找工作比以前难多了。
   2) 不过这还只是我的理想而已。
   3) 要想实现这个理想, 我还得加把劲儿呢!

연습문제 답안

5. 昨天我作为一名工作人员参加了就业博览会。在博览会上看到那些朝气蓬勃的大学生，就想起了当年的我。大四那一年，为了找工作，我不知参加了多少就业博览会，不知写了多少简历。一次次的失败，一次次的"落榜"，使我变得更加坚强了。经过几番坎坷，我终于被一家公司选上了，而那一家公司就是我梦寐以求的地方。

제5과

1. (1) 녹음 대본

男: 你知道世界三大无酒精饮料是什么吗?

女: 当然知道啦, 是咖啡、可可和茶嘛。

男: 没错, 那你对茶有什么了解呢?

女: 这个我还真不太懂。中国人那么喜欢喝茶, 要不你给我介绍介绍吧。

男: 我也是最近才开始了解茶的。毕竟现在大部分年轻人都更喜欢喝咖啡。

女: 是啊, 我也觉得茶叶的味道很苦。不是特别喜欢。

男: 其实, 茶叶不仅可以作为一种饮料, 而且有很大的药用价值呢。

问: 世界三大无酒精饮料不包括什么?

정답: C

1. (2) 녹음 대본

女: 茶叶都有哪些功效啊?

男: 茶叶中的生物碱可以促进新陈代谢, 帮助消化, 对油脂有分解作用。还含有多种维生素以及微量元素呢。

女: 哦, 怪不得中国人特别喜欢喝茶。

男: 没错, 喝茶还可以消除疲劳, 让人精神振作。

女: 这一点和咖啡很相似, 所以大家都说不能在睡前喝茶啊。

问: 本文当中不正确的是什么?

정답: C

2. 녹음 대본

第1到2题是根据下面一段对话:

中国人常常说"开门七件事, 柴米油盐酱醋茶"。从这句俗语当中, 我们就可以知道, 茶在中国人的日常生活中占有多么重要地位。中国人喝茶的历史十分悠久。但是最初, 茶是作为食物和药材使用的。到后来才渐渐成为一种饮料。茶不仅有强身保健的功效, 而且也可以发展为一门艺术, 来陶冶情操。如果你去一位中国人家里做客, 他一定会先端上来一杯热茶招待你。在客人和主人交谈的时候, 主人会给客人的茶杯中添水, 表示关心。不过要是天色已晚, 主人还要给你的茶杯中添水, 让你喝茶的话, 你就应该赶快告辞了。这是中国的一种约定俗成的惯例, 叫做"端茶送客"。除了饮用, 在很多种食品中也使用茶叶调味。比如说茶叶蛋、茶叶面条等等。这些食品不仅口味独特, 而且对人体健康十分有益。

1) 关于开门七件事, 没有提到的什么?

2) 关于茶正确的是什么?

정답: 1) A 2) C

3. 1) D 2) B 3) A

4. 1) 毕竟现在大部分年轻人都更喜欢喝咖啡。
   2) 吃维生素C对解除疲劳很有帮助。
   3) 天气预报说今晚有雨, 怪不得这么闷热。

5. 我喜欢喝茶, 特别是绿茶, 从小就喜欢, 可能是遗传的基因吧? 因为父亲一直也是喜欢喝茶, 从懂事起几乎见他与茶不离。时常见他泡茶时泡得非常浓, 他说喜欢这浓浓的茶味, 我却很难忍受这种太过于苦的苦涩, 我有一点与父亲不同的就是我喜欢清清淡淡的茶。

제6과

1. (1) 녹음 대본

女: 豪镇, 今天是你第一天上班。我先带你熟悉熟悉公司环境吧。

男: 那就太谢谢您啦, 李部长。

女: 别客气, 从今天起咱们就是同事了, 以后还得相互多关照呢。

男: 我什么都不懂, 还请你多帮帮我。对了, 咱们部门都有哪些人啊?

연습문제 답안

女: 咱们海外事业部加上你一共有5个人，除了我以外，还有张平、王童和林小雪。
男: 一下子有了这么多新同事，还真是挺新鲜的。不过也有点担心，不知道大家欢不欢迎我。
女: 嗨，你就别担心了。咱们部门的同事性格都很好，关系特别融洽。他们也都很期待你来呢。
问: 根据对话，我们可以知道什么？
정답: C

1. (2) 녹음 대본

男: 我这个人有点儿内向，希望能和大家快点熟悉起来。
女: 嗯，张平、王童还有林小雪的性格都属于外向型，算是"自来熟"吧。不过张平和王童性子比较急，做什么都希望快一些。而小雪是个慢性子，工作起来慢条斯理的，经常让张平和王童着急。
男: 我看，慢性子和急性子还真是各有各的长处呢。
女: 没错，我们要取长补短嘛。
男: 说了这么多，还没说说您自己的性格怎么样呢。
问: 根据对话，可以知道什么？
정답: B

2. 녹음 대본

第1到2题是根据下面一段对话:

王府井步行街是具有数百年悠久历史的著名商业区，在北京享有金街的美誉，客流量大约有每天60万人，节假日超过120万人。它位于北京市中心的东长安街北侧，最早形成于元代，距今已经有700多年了。在清代，这条大街上共建有八座王府和公主府，后来又打出了一口供王府饮用的水井，所以这条大街被称为王府井。在这条大街上有经营古玩字画、绸缎成衣、鞋帽、瓷器、家具、旧书、中西餐馆、小吃店等各种吃、穿、用的店铺。其中一些商品十分有名。比如瑞蚨祥的丝绸、王麻子的剪刀、全聚德的烤鸭、六必居的酱菜，还有天福号的酱肉等等。这些特产都已经成为外地朋友，甚至外国朋友们来北京首选的礼品。现在，王府井大街已经成为外国朋友了解中国的一扇窗口了。

1) 王府井大街上经营的店中没有提到的是？

2) 哪个不是王府井大街的有名特产？
정답: 1) C 2) B

3. 1) A 2) D 3) B

4. 1) 每天做什么事儿都不着急。
   2) 最近我的记性不好了，连大学同学的名字都忘了。
   3) 这家超市的东西够多的。

5. 我在北京读书的时候，和朋友们一起去逛了几次王府井大街。王府井大街是一条充满现代气息的国际化中心商业街，有逛不够的商场，看不够的美景，数不清的游人，顾不及的变化。它是城市一个最耀眼的平台，展示了物华天宝的精致商品，弘扬着中国传统的和现代的商业文化。想要买书，可到王府井书店看一看。喜欢尝鲜可到王府井小吃街，几个摊儿下来，绝对酒足饭饱，便已是闲适充实的一天。

제7과

1. (1) 녹음 대본

男: 你最近在忙什么呢？
女: 没什么特别的事儿，准备写报告呢。你呢？
男: 我最近觉得很郁闷，每天做什么都提不起兴趣，注意力也不容易集中，有时还会莫名其妙的烦躁。
女: 哦，我知道了。你这几种都是心理亚健康的症状。
问: 男的最近状态怎么样？
정답: C

1. (2) 녹음 대본

女: 你有什么好办法能够改善心理亚健康的状态吗？
男: 我劝你不要总坐在电脑前。背上背包，去旅行一次吧。看看山水，心情自然就好了。
女: 这是个好办法。找个时间放松一下。
男: 总之，注意发现生活中的小快乐，让自己心情保持愉快最重要。
问: 男的让女的做什么？

연습문제 답안

정답: B

2. 녹음 대본
第1到2题是根据下面一段对话:

在中国生活过的外国人经常对一件事感到很困惑。那就是中国人对时间的观念十分宽松。即使公交车经常不能按照时间表准时到站，竟然也没有人因此生气。中国人对时间真这么不在乎吗？其实这也许是由于中国的文化氛围和地理自然条件，才养成了中国人不急不慢的性格。

中西方时间概念的差异是中西文化中的一个突出表现。在西方，人们对时间的观念很精确。但是中国人对时间的观念比较模糊。在日常生活中处处可见此类差异，比如，中国人在拜访朋友或是赶赴约会的时候，有些时候并不是将见面的时间固定在几点几分。而是约定在上午、下午之类的时间段。有的时候中国人和你说"马上到"，其实并不是说他很快就到，而是说"过一段时间"的意思。至于这个"一段时间"是多长，那可就是因人而异了。

1) 你觉得中国人的性格由于什么造成的？
2) 中国人说的"马上到"有可能？

정답: 1) C 2) A

3. 1) A 2) B 3) A

4. 1) 一直持续下去的话，也会危害你的身心健康。
   2) 注意发现生活中的小快乐。
   3) 图书馆内一定要保持安静。

5. 在繁忙的工作和生活中，我喜欢找一个安静的地方放松一下自己。有时一个人静静地坐在河边，看着河水悠悠地流淌；有时到僻静的树林里呼吸新鲜的空气。这样可以缓解紧张的心态，也可以给自己注入新的气息。

제8과

1. (1) 녹음 대본
女: 快请进！
男: 祝贺你乔迁新居！
女: 谢谢, 哎呀, 你们来就行了, 还拿什么东西啊!
男: 也不知道你喜欢什么, 送你一盆吊兰, 听说它能够吸收空气中残留的装修有害物质。
女: 是吗, 那可真是既美观又实用啊! 太谢谢你们啦。快请坐, 我给你们倒茶去。
男: 你家可真漂亮啊。房间格局不错, 采光也很好。
女: 我也是看了好几套房子才决定搬到这儿来的, 就是看上了它的采光比较好。
问: 关于这段对话我们可以知道什么？
정답: A

1. (2) 녹음 대본
男: 你就别忙了, 我坐坐就走。
女: 那怎么行。今天你们来给我温居, 一定要在我家吃了饭再走。
男: 那怎么好意思, 太麻烦你了。
女: 不麻烦不麻烦, 我自己做的家常菜, 你们不嫌弃就行。先喝点茶, 马上就能开饭了。
男: 那我们就不客气啦!
问: 关于这段对话我们可以知道什么？
정답: A

2. 녹음 대본
第1到2题是根据下面一段对话:

今天我给大家介绍一道家常菜——西红柿炒鸡蛋的做法。这道菜简单易学，几乎所有的中国人都会做，而且它的口感有一点点酸甜，很多外国人也比较喜欢这道菜。首先我们准备的材料有: 西红柿2个、鸡蛋3个，配料有葱、盐和鸡精。先用开水烫一下西红柿，这样呢西红柿的皮很容易就可以剥掉。将它切成块儿后备用。然后把鸡蛋打匀，加一点儿盐，倒入热油锅，用铲子不停的翻炒鸡蛋，直到鸡蛋凝固成块儿。炒的时间不要太长，这样炒熟的鸡蛋吃起来口感才会十分软嫩。然后, 把炒熟的鸡蛋倒出来, 重新在锅里倒上一点儿油, 等油温有六七成的时候, 把提前准备好的葱末儿和西红柿块儿一起倒进锅里, 等到西红柿完全炒熟时, 加一点盐和鸡精, 再把刚才提前炒好的鸡蛋到入锅中拌匀, 这道菜就完成啦! 怎么样, 很简单吧? 今天回家就试试做这道菜吧。

연습문제 답안

1) 西红柿炒鸡蛋的材料不需要的是?
2) 等油温有几成的时候, 把葱末儿和西红柿块儿一起倒进锅里?

정답: 1) C 2) A

3. 1) D 2) C 3) B

4. 1) 我不知不觉中爱上她了。
   2) 一定要在我家吃了饭再走。
   3) 请大家把书合上。

5. 我的好朋友搬到新家了, 所以几个朋友去给朋友温居。我们买了盆花、装饰品等, 当作纪念品。朋友的家虽然不是很大, 但是感觉很温馨, 采光也很好。小区周围的环境不错, 有公园, 有学校。我也想拥有一所温馨的小房子。

제9과

1. (1) 녹음 대본
男: 你怎么愁眉苦脸的啊? 出什么事儿了?
女: 别提了, 我长胖了3公斤。
男: 嗨, 我以为出了什么大事儿呢。你长胖了吗? 没看出来啊?
女: 这还不是大事儿啊, 我早上穿牛仔裤的时候, 扣子都快扣不上了!
男: 这么严重啊。那你试试减肥怎么样?
女: 马上就要到夏天了, 我也想变得苗条一些。但不知道怎么能减。
问: 关于女的我们可以知道什么?

정답: A

(2) 녹음 대본
男: 我听说减肥要运动和食疗相结合。坚持去健身中心, 吃低卡路里的食物才行。
女: 可是我特别不喜欢运动, 有没有不运动也有效的减肥方法啊?
男: 有倒是有, 吃减肥药啦、中医针灸减肥啦, 但是我觉得这些方法都不太健康。
女: 嗯, 我也怕这些方法有副作用, 或者将来会出现反弹。
男: 对了, 还有个办法, 做做减肥瑜伽应该不错。
女: 是嘛, 那我可得试试。
男: 不过, 不管是用哪种方法, 都需要你持之以恒才行啊。
问: 关于这段对话我们可以知道什么?

정답: B

2. 녹음 대본
第1到2题是根据下面的一段话:

每天工作10多个小时, 一周工作六七天, 饮食不规律、睡眠质量也不高, 这就是最近办公室白领一族的工作和生活状态。这种生活严重破坏了他们的健康状况。长时间办公, 人体会出现诸多不适, 有人将其统称为"办公室综合征"。具体包括: 头晕、头痛、倦怠、胸闷等症状。当出现这种情况时, 该如何进行保健, 越来越受到年轻上班族的重视。

总体来说, 首先应该加强体育锻炼, 运动能使人心情舒畅, 有利于消除不良情绪。每天坚持30-40分钟的有氧运动, 如快步走, 慢跑, 游泳, 太极拳等。最简单的方法还有少乘电梯, 多走楼梯。爬楼梯是一种非常好的锻炼形式, 对心血管有益, 还可以改善你的腿部肌肉。还要有规律的生活, 每天保证8小时睡眠, 营养要均衡, 充足, 特别是要有足够的蛋白质和维生素, 要多吃新鲜蔬菜与水果。最后办公室及家庭要自然通风, 尽量少用电脑, 手机, 微波炉等。做到这些, 你的身体就会一天比一天健康啦!

1) 白领一族的生活状态如何?
2) 进行保健的方法中不正确的是?

정답: 1) C 2) B

3. 1) C 2) C 3) C

4. 1) 我以为出了什么大事儿呢。
   2) 我胖了不少, 衣服都快穿不上了。
   3) 中国人认为在别人面前应该尽量控制自己的感情。

연습문제 답안

5. 自从开始工作以来，我每天忙着上班，所以没有时间锻炼身体。我的体力越来越差，而体重越来越高。去年穿的衣服很多都穿不进去了。这样下去，恐怕不行了。我打算从明天早上开始早起一个小时，到附近的公园锻炼锻炼身体，找回原来的"我"。

제10과

1. (1) 녹음 대본

男: 你好, 请问是白雪电冰箱售后服务中心吗?
女: 是的, 您有什么问题吗?
男: 我家的电冰箱坏了, 想申请维修服务。
女: 好的, 请问您的冰箱有哪些故障呢? 从什么时候开始的?
男: 我家冰箱的冷冻室从昨天开始就不制冷了, 昨天晚上里面的东西都化了。
问: 男的家有什么问题?
정답: A

(2) 녹음 대본

女: 十分抱歉给你带来了不便。现在就给您预约维修服务, 您看明天早上10点可以吗?
男: 明天上午我有事要外出, 下午可以吗? 来之前请给我打个电话, 号码是7858852。
女: 好的。先生, 请问您的电冰箱是什么型号, 什么时候购买的?
男: 型号是BX-29, 使用了大概4年时间。
女: 对不起, 您的冰箱已经超过了3年的保修期, 如果上门服务的话, 会收取一定的费用, 可以吗?
男: 这个我知道, 没关系的。只要能给我尽快修好就行。我急着用呢。
女: 好的, 明天下午5点维修人员会为您上门修理, 请你在家等候。
问: 男的和女的是什么关系?
정답: C

2. 녹음 대본

第1到2题是根据下面的一段话:

海尔集团是中国白色家电第一品牌，1984年创立于中国青岛，张瑞敏是海尔集团的主要创始人。截至2009年，海尔集团在全球建立了29个制造基地，8个综合研发中心，19个海外贸易公司，全球员工超过6万人。并且在2011年，海尔的营业额达到了1509亿元，主要有科技、工业、贸易、金融四大支柱产业，成为了名副其实的全球化集团公司。

海尔曾被英国《金融时报》评为"中国十大世界级品牌"之首。它品牌旗下的冰箱、空调、洗衣机、电视机、热水器、电脑、手机、家居集成等18种产品也被评为中国名牌。在海尔持续自身健康发展的同时，也始终重视企业的社会责任。积极从事教育、慈善等社会公益事业，回馈社会，致力于环境改善和可持续发展，赢得社会各界的广泛赞誉。

1) 关于海尔集团正确的是什么?
2) 海尔集团四大支柱产业中不包括是什么?
정답: 1) B   2) A

3. 1) C   2) D   3) A

4. 1) 十分抱歉给你带来了不便。
   2) 您的冰箱已经超过了3年的保修期。
   3) 从下个星期开始我就调到新的部门了。

5. 昨天，突然间家里的冰箱坏了，里面的东西都化了。我赶紧申请了维修服务，维修技师来得很及时，而且热情地给我修好了冰箱。他说："顾客是上帝，顾客需要我们，我们就应该及时赶到。"听了他的话，我深受感动。那家公司的家电质量不错，而且员工的服务态度更优秀。

제11과

1. (1) 녹음 대본

女: 你的中文学得怎么样啦?
男: 还行吧, 中文有意思是有意思, 不过汉字实在是太难了。
女: 韩国不是也使用汉字嘛?

연습문제 답안

男: 韩国用的是繁体汉字，可是现在学的都是简体字。我还得一个字一个字地重新背。
女: 原来如此，汉字写起来是比较难，有的外国朋友说写汉字就像画画。
男: 我觉得最难的应该是多音字吧。一个汉字好几个发音，什么时候读哪个发音，也没有固定规律。
女: 也对，多音字的学习只能靠死记硬背。你就多花些时间吧。
问: 男的觉得学汉语学得怎么样？
정답: C

(2) 녹음 대본
男: 难道学习汉字就没有什么小窍门吗？
女: 怎么没有？汉字中有很多是形声字，也就是说汉字的一半表示了这个字的读音，另一半代表含义。
男: 哦，那这样的话，背诵理解起来就容易多了。
女: 没错。不管学习什么，只要抓住了窍门，保准事半功倍！
男: 你真厉害，都能当我的小老师啦！
问: 形声字的特点是什么？
정답: C

2. 녹음 대본
第1到2题是根据下面的一段话：
　　中国是一个多民族、多语言、多文化的国家，包括汉族在内，一共有56个民族，使用80种以上的方言。这是因为社会在发展过程中出现了不同程度的分化和统一，而使汉语逐渐产生了方言。方言分布的区域很广，各方言之间的差异主要表现在语音、词汇、语法等各个方面，语音方面最为突出。所以即使都是中国人，去了外地也不一定能够听懂那里的方言。中国主要可以分为七大方言区：北方方言、吴方言、闽方言、粤方言、客家方言、赣方言和湘方言。但由于这些方言之间在语音上都有一定的对应规律，词汇、语法方面也有许多相同之处，因此它们不能算是独立的语言。
1) 关于中国不正确的是什么？
2) 关于七大方言正确的是？

정답: 1) C 2) A

3. 1) A 2) A 3) D

4. 1) 我实在不明白你为什么这么做。
　 2) 多音字的学习只能靠死记硬背。
　 3) 安娜逐渐习惯了这儿的气候。

5. 在学习汉语之前，我在学校学了"汉字"。以前学的汉字和现在学的汉字很大的区别，现在才得知那是"繁体字"，而现在学的是简体字。我觉得繁体字虽然复杂，但看上去很漂亮；简体字虽然简单，但缺少一些"魅力"。

제12과

1. (1) 녹음 대본
男: 听说你升职了，祝贺你啊。
女: 谢谢您，其实也没什么，只是项目经理而已，负责这次的老城区改造工程。
男: 你太谦虚了，这都是你平时努力的结果！
女: 还得感谢领导和同事们对我的信任。我一定不辜负大家的期望，努力工作。
男: 什么时候开始上任啊？
女: 从下个星期开始我就调到新的部门了。一想到要离开老同事们，还是挺舍不得的。
问: 关于女的正确的是？
정답: C

(2) 녹음 대본
男: 对了，明天晚上我在"天下春"请客，您可一定要赏光啊。
女: 那还用说，你的升迁酒我是一定要喝的。咱们明天不醉不归！
男: 嗨，我要是喝醉了，我爱人就该不让我进家门儿了。
女: 呦，没看出来你还是个"妻管严"呢。
问: 关于这段对话我们可以知道什么？
정답: C

연습문제 답안

2. 녹음 대본

第1到2题是根据下面的一段话:

　　中国的部门经理就相当于韩国的各部部长。韩国公司里次长、课长、代理、主任的区分方式在中国公司中也无法一一对应。中国公司的项目经理是指为了某项专门业务设立的负责人职位，也就是我们常说的PM。助理和秘书则是辅佐这些管理人员的职位。当然了，韩国公司的社员也就是中国公司的职员了。

1) 韩国的各部部长相当于中国的哪个职位？
2) 中国公司的职员在韩国怎么称呼？

정답: 1) A 2) C

3. 1) B 2) A 3) D

4. 1) 十一黄金周去北京的飞机票终于买到了。
　 2) 我舍不得扔这些旧家具。
　 3) 没看出来你还是个"妻管严"呢。

5. 我们的办公室里有一个很优秀的小伙子，他勤奋好学、积极向上的人，而且特别喜欢帮助别人。在工作中，表现十分突出。上个星期，他升职了，开始主管新的项目。我真替他高兴，向他表示了祝贺。我相信他一定会做得更好。

팔선생이 新HSK 5급 단어

사람의 호칭과 직업명과 관련된 어휘

1. 敌人 [dírén] [명] 적
2. 对方 [duìfāng] [명] 상대방, 상대편
3. 姑娘 [gūniang] [명] 아가씨, 처녀, 딸
4. 女士 [nǚshì] [명] 여사, 부인
5. 太太 [tàitai] [명] 부인, 양사
6. 小伙子 [xiǎohuǒzi] [명] 젊은 청년, 젊은 남자
7. 阿姨 [āyí] [명] 이모, 아주머니
8. 舅舅 [jiùjiu] [명] 외삼촌
9. 姥姥 [lǎolao] [명] 외할머니
10. 妻子 [qīzi] [명] 부인, 아내
11. 亲戚 [qīnqi] [명] 친척
12. 叔叔 [shūshu] [명] 숙부, 아저씨, 삼촌
13. 孙子 [sūnzi] [명] 손자
14. 兄弟 [xiōngdì] [명] 형제
15. 丈夫 [zhàngfu] [명] 남편
16. 祖先 [zǔxiān] [명] 선조, 조상
17. 妇女 [fùnǚ] [명] 부녀, 아녀자
18. 父亲 [fùqīn] [명] 부친, 아버지
19. 姑姑 [gūgu] [명] 고모
20. 客人 [kèrén] [명] 손님
21. 会计 [kuàijì] [명] 회계사, 경리
22. 老百姓 [lǎobǎixìng] [명] 서민, 대중, 일반인, 국민
23. 老板 [lǎobǎn] [명] 사장
24. 博士 [bóshì] [명] 박사
25. 领导 [lǐngdǎo] [명] 지도자, 리더, 지도하다, 이끌다
26. 律师 [lǜshī] [명] 변호사
27. 秘书 [mìshū] [명] 비서
28. 明星 [míngxīng] [명] 스타, 배우
29. 农民 [nóngmín] [명] 농민
30. 师傅 [shīfu] [명] 기술자, 사부
31. 士兵 [shìbīng] [명] 사병
32. 售货员 [shòuhuòyuán] [명] 점원
33. 硕士 [shuòshì] [명] 석사
34. 王子 [wángzǐ] [명] 왕자
35. 小偷 [xiǎotōu] [명] 도둑
36. 行人 [xíngrén] [명] 행인
37. 研究生 [yánjiūshēng] [명] 연구생, 대학원생
38. 演员 [yǎnyuán] [명] 배우, 연기자
39. 医生 [yīshēng] [명] 의사
40. 志愿者 [zhìyuànzhě] [명] 지원자
41. 专家 [zhuānjiā] [명] 전문가
42. 总裁 [zǒngcái] [명] 총재
43. 总理 [zǒnglǐ] [명] (국가의) 총리
44. 总统 [zǒngtǒng] [명] 대통령, 총통
45. 罪犯 [zuìfàn] [명] 범인, 죄인
46. 作者 [zuòzhě] [명] 작가
47. 班主任 [bānzhǔrèn] [명] 담임 선생님
48. 导演 [dǎoyǎn] [명] 감독
49. 导游 [dǎoyóu] [명] 관광 안내원, 가이드
50. 儿童 [értóng] [명] 아동, 어린이
51. 房东 [fángdōng] [명] 집주인
52. 公主 [gōngzhǔ] [명] 공주
53. 工程师 [gōngchéngshī] [명] 엔지니어
54. 工人 [gōngrén] [명] 노동자
55. 顾客 [gùkè] [명] 고객, 손님
56. 冠军 [guànjūn] [명] 챔피언, 우승자, 1등
57. 护士 [hùshi] [명] 간호사
58. 皇帝 [huángdì] [명] 황제
59. 皇后 [huánghòu] [명] 황후
60. 伙伴 [huǒbàn] [명] 동반자
61. 记者 [jìzhě] [명] 기자
62. 教练 [jiàoliàn] [명] 교련, 코치 [동] 훈련하다
63. 教授 [jiàoshòu] [명] 교수
64. 解说员 [jiěshuōyuán] [명] 해설원
65. 经理 [jīnglǐ] [명] 사장 지배인
66. 警察 [jǐngchá] [명] 경찰

인체 부위와 관련된 어휘

1. 背 [bèi] [명] 등
2. 鼻子 [bízi] [명] 코
3. 脖子 [bózi] [명] 목

4. 肚子 [dùzi] [명] 배(인체)
5. 耳朵 [ěrduo] [명] 귀
6. 肺 [fèi] [명] 폐, 허파
7. 胳膊 [gēbo] [명] 팔
8. 肩膀 [jiānbǎng] [명] 어깨
9. 脚 [jiǎo] [명] 발
10. 脸 [liǎn] [명] 얼굴
11. 毛 [máo] [명] 털, 수염
12. 眉毛 [méimao] [명] 눈썹
13. 脑袋 [nǎodai] [명] 머리, 두뇌, 지능
14. 皮肤 [pífū] [명] 피부
15. 舌头 [shétou] [명] 혀
16. 身材 [shēncái] [명] 몸매, 몸
17. 手指 [shǒuzhǐ] [명] 손가락
18. 头发 [tóufa] [명] 머리카락, 두발
19. 腿 [tuǐ] [명] 다리
20. 胃 [wèi] [명] 위
21. 心脏 [xīnzàng] [명] 심장
22. 胸 [xiōng] [명] 가슴
23. 血 [xuè] [명] 피
24. 腰 [yāo] [명] 허리
25. 嘴 [zuǐ] [명] 입
26. 个子 [gèzi] [명] 키, 체격, 크기, 몸집

외모 묘사와 관련된 어휘

1. 魅力 [mèilì] [명] 매력
2. 矮 [ǎi] [형] 키가 작다, 높이가 낮다
3. 丑 [chǒu] [형] 못생기다, 추하다, 나쁘다
4. 可爱 [kě'ài] [형] 귀엽다
5. 老 [lǎo] [형] 나이 먹다, 늙다, 항상, 늘
6. 美丽 [měilì] [형] 아름답다
7. 苗条 [miáotiao] [형] 날씬하다
8. 年轻 [niánqīng] [형] 젊다, 어리다
9. 瘦 [shòu] [형] 마르다
10. 帅 [shuài] [형] (남자) 멋있다
11. 英俊 [yīngjùn] [형] 잘생기다, 재능이 출중하다
12. 优美 [yōuměi] [형] 아름답다
13. 残疾 [cánjí] [명] 불구, 장애, 장애인

성격 묘사와 관련된 어휘

1. 坚强 [jiānqiáng] [형] 강인하다, 굳세다
2. 活泼 [huópo] [형] 활발하다, 생기가 있다
3. 活跃 [huóyuè] [형] 활기를 띠게 하다, 활약하다
4. 积极 [jījí] [형] 적극적이다, 진취적이다
5. 独特 [dútè] [형] 독특하다, 특별하다, 우수하다
6. 得意 [dé//yì] [형] 뜻을 얻다, 의기양양하다
7. 粗心 [cūxīn] [형] 부주의하다
8. 单纯 [dānchún] [형] 단순하다 [부] 오로지, 단순히
9. 诚实 [chéngshí] [형] 성실하다, 참되다, 진실하다
10. 成熟 [chéngshú] [형] 성숙하다
11. 安静 [ānjìng] [형] 조용하다

동작 묘사와 관련된 어휘

1. 摆 [bǎi] [동] 흔들다, 젓다, 벌여놓다, 진열하다
2. 抱 [bào] [동] 안다, 포옹하다, (의견, 생각을) 품다
3. 擦 [cā] [동] 마찰하다, 문지르다
4. 踩 [cǎi] [동] 밟다, 짓밟다
5. 带 [dài] [동] 지니다, 휴대하다
6. 戴 [dài] [동] 착용하다, 쓰다, 몸에 지니다
7. 点头 [diǎntóu] [동] 고개를 끄덕이다
8. 蹲 [dūn] [동] 쪼그리고 앉다, 감금당하다
9. 扶 [fú] [동] 짚다, 기대다, 의지하다, 일으키다, 지탱하다
10. 呼吸 [hūxī] [명] 호흡 [동] 호흡하다
11. 接触 [jiēchù] [동] 만나다, 접촉하다
12. 举 [jǔ] [동] 들다
13. 拉 [lā] [동] 끌다, 끌어당기다
14. 摸 [mō] [동] 쓰다듬다, 매만지다
15. 拍 [pāi] [동] 치다, 두드리다
16. 披 [pī] [동] 걸치다, 덮다
17. 瞧 [qiáo] [동] 보다
18. 伸 [shēn] [동] (신체의 일부를) 내밀다, 뻗다
19. 吐 [tù] [동] 토하다, 게워내다

팔선생의 新HSK 5급 단어

20. 吻 [wěn] [동] 입맞춤을 하다
21. 握手 [wòshǒu] [동] 악수하다, 손을 잡다
22. 像 [xiàng] [동] 닮다, 비슷하다
23. 摇 [yáo] [동] 흔들다
24. 咬 [yǎo] [동] 베어 물다, 물다
25. 拥抱 [yōngbào] [동] 포옹하다, 껴안다
26. 睁 [zhēng] [동] 눈을 뜨다
27. 搬 [bān] [동] 옮기다, 운반하다

삶과 일상에 관련된 어휘

1. 出生 [chūshēng] [동] 태어나다
2. 婚礼 [hūnlǐ] [명] 결혼식
3. 婚姻 [hūnyīn] [명] 혼인, 결혼
4. 家庭 [jiātíng] [명] 가정
5. 嫁 [jià] [동] 시집가다
6. 离婚 [líhūn] [동] 이혼하다
7. 娶 [qǔ] [동] 장가가다, 신부를 맞이하다
8. 住 [zhù] [동] 살다
9. 打扫 [dǎsǎo] [동] 청소하다
10. 家务 [jiāwù] [명] 가사, 집안일
11. 乱 [luàn] [형] 엉망이다, 혼란하다 [부] 함부로, 제멋대로
12. 梦 [mèng] [명] 꿈
13. 失眠 [shīmián] [동] 잠을 못 이루다
14. 收拾 [shōushi] [동] 정리하다, 치우다
15. 刷牙 [shuāyá] [동] 이를 닦다
16. 躺 [tǎng] [동] 눕다
17. 洗澡 [xǐzǎo] [동] 목욕하다
18. 醒 [xǐng] [동] 깨어나다, 깨다
19. 休闲 [xiūxián] [동] 한가하다, 레저 활동을 하다
20. 邀请 [yāoqǐng] [동] 초청하다, 초대하다
21. 整理 [zhěnglǐ] [동] 정리하다

위치, 장소, 건축물과 관련된 어휘

1. 厕所 [cèsuǒ] [명] 화장실
2. 抽屉 [chōuti] [명] 서랍
3. 厨房 [chúfáng] [명] 주방, 부엌
4. 隔壁 [gébì] [명] 이웃집, 옆집
5. 公寓 [gōngyù] [명] 아파트
6. 豪华 [háohuá] [형] 호화롭다, 사치스럽다
7. 客厅 [kètīng] [명] 거실
8. 空调 [kōngtiáo] [명] 에어컨
9. 邻居 [línjū] [명] 이웃
10. 楼 [lóu] [명] 건물, 층
11. 门 [mén] [명] 문
12. 墙 [qiáng] [명] 벽
13. 台阶 [táijiē] [명] 계단, 층계
14. 卫生间 [wèishēngjiān] [명] 화장실
15. 卧室 [wòshì] [명] 침실
16. 屋子 [wūzi] [명] 방
17. 洗手间 [xǐshǒujiān] [명] 화장실
18. 阳台 [yángtái] [명] 베란다, 발코니
19. 装饰 [zhuāngshì] [동] 장식하다, 꾸미다

일상 생활에서 흔히 접하는 사물 및 대상 관련 어휘

1. 报纸 [bàozhǐ] [명] 신문
2. 杯子 [bēizi] [명] 잔(술)
3. 被子 [bèizi] [명] 이불
4. 冰箱 [bīngxiāng] [명] 전기 냉장고의 약칭, 아이스박스
5. 玻璃 [bōli] [명] 유리
6. 叉子 [chāzi] [명] 포크
7. 超市 [chāoshì] [명] 슈퍼마켓
8. 充电器 [chōngdiànqì] [명] 충전기
9. 宠物 [chǒngwù] [명] 애완동물
10. 刀 [dāo] [명] 칼, 칼처럼 생긴 물건
11. 肥皂 [féizào] [명] 비누
12. 锅 [guō] [명] 솥, 냄비, 가마
13. 盒子 [hézi] [명] 작은 상자
14. 壶 [hú] [명] 주전자
15. 家具 [jiājù] [명] 가구
16. 剪刀 [jiǎndāo] [명] 가위
17. 镜子 [jìngzi] [명] 거울
18. 垃圾桶 [lājītǒng] [명] 쓰레기통

19. 盘子 [pánzi] [명] 쟁반, 접시
20. 盆 [pén] [명] 대야, 그릇, 대야
21. 瓶子 [píngzi] [명] 병
22. 日用品 [rìyòngpǐn] [명] 일상용품
23. 沙发 [shāfā] [명] 소파
24. 扇子 [shànzi] [명] 부채
25. 勺子 [sháozi] [명] 숟가락, 국자
26. 书架 [shūjià] [명] 책장, 책꽂이
27. 梳子 [shūzi] [명] 빗
28. 塑料袋 [sùliàodài] [명] 비닐 봉투
29. 碗 [wǎn] [명] 그릇, 그릇, 공기, 사발
30. 洗衣机 [xǐyījī] [명] 세탁기
31. 牙膏 [yágāo] [명] 치약
32. 枕头 [zhěntou] [명] 베개

음식 및 먹거리와 관련된 어휘

1. 包子 [bāozi] [명] 소가 든 만두, 찐빵
2. 饼干 [bǐnggān] [명] 과자, 비스킷
3. 菜 [cài] [명] 채소, 반찬, 요리
4. 醋 [cù] [명] 식초, 질투, 샘
5. 蛋糕 [dàngāo] [명] 케이크
6. 点心 [diǎnxin] [명] 간식, 딤섬
7. 豆腐 [dòufu] [명] 두부
8. 罐头 [guàntou] [명] 통조림, 깡통, 항아리
9. 果汁 [guǒzhī] [명] 과일 즙, 과일 주스
10. 海鲜 [hǎixiān] [명] 해산물, 해물
11. 黄瓜 [huánggua] [명] 오이
12. 鸡蛋 [jīdàn] [명] 계란
13. 酱油 [jiàngyóu] [명] 간장
14. 橘子 [júzi] [명] 귤
15. 烤鸭 [kǎoyā] [명] 오리구이
16. 矿泉水 [kuàngquánshuǐ] [명] 광천수
17. 辣椒 [làjiāo] [명] 고추
18. 粮食 [liángshi] [명] 양식, 식량
19. 零食 [língshí] [명] 간식, 주전부리
20. 馒头 [mántou] [명] 찐빵
21. 葡萄 [pútao] [명] 포도
22. 巧克力 [qiǎokèlì] [명] 초콜릿
23. 食品 [shípǐn] [명] 식품
24. 食物 [shíwù] [명] 음식물
25. 蔬菜 [shūcài] [명] 야채, 채소
26. 水果 [shuǐguǒ] [명] 과일
27. 汤 [tāng] [명] 탕, 국
28. 糖 [táng] [명] 사탕
29. 桃 [táo] [명] 복숭아
30. 土豆 [tǔdòu] [명] 감자
31. 西瓜 [xīguā] [명] 수박
32. 西红柿 [xīhóngshì] [명] 토마토
33. 香蕉 [xiāngjiāo] [명] 바나나
34. 小吃 [xiǎochī] [명] 간식거리, 간단한 먹거리
35. 小麦 [xiǎomài] [명] 소맥, 밀
36. 盐 [yán] [명] 소금
37. 羊肉 [yángròu] [명] 양고기
38. 饮料 [yǐnliào] [명] 음료수
39. 鱼 [yú] [명] 물고기
40. 玉米 [yùmǐ] [명] 옥수수
41. 原料 [yuánliào] [명] 원료
42. 猪 [zhū] [명] 돼지

식생활과 관련된 어휘

1. 干杯 [gān//bēi] [동] 건배하다
2. 饱 [bǎo] [동] 배 부르다, 속이 꽉 차다
3. 菜单 [càidān] [명] 메뉴, 식단, 차림표
4. 餐厅 [cāntīng] [명] 식당
5. 尝 [cháng] [동] 맛보다, 시험해 보다
6. 炒 [chǎo] [동] (기름으로) 볶다, 투기하다
7. 吃 [chī] [동] 먹다, 마시다, 피우다
8. 淡 [dàn] [형] (맛이) 약하다, 싱겁다, (농도가) 낮다, (색깔이) 엷다
9. 点 [diǎn] [동] 주문하다
10. 饿 [è] [형] 배고프다, 굶주리다
11. 饭馆 [fànguǎn] [명] 식당

팔선생의 新HSK 5급 단어

12. 煎 [jiān] [동] (기름에) 지지다, (전을) 부치다
13. 减肥 [jiǎnféi] [동] 다이어트하다
14. 健康 [jiànkāng] [동] 건강하다 [명] 건강
15. 酒吧 [jiǔbā] [명] 술집
16. 渴 [kě] [동] 목마르다, 절실하다
17. 口味 [kǒuwèi] [명] 맛, 입맛, 기호
18. 苦 [kǔ] [형] 고생스럽다, 쓰다
19. 辣 [là] [형] 맵다
20. 嫩 [nèn] [형] 부드럽다, 연하다
21. 清淡 [qīngdàn] [형] 담백하다
22. 酸 [suān] [형] 시다
23. 烫 [tàng] [형] 뜨겁다
24. 甜 [tián] [형] 달다
25. 味道 [wèidao] [명] 맛, 냄새
26. 香 [xiāng] [형] 향기롭다, 냄새가 좋다, 맛있다
27. 消化 [xiāohuà] [명] 소화 [동] 소화하다
28. 新鲜 [xīnxiān] [형] 신선하다
29. 液体 [yètǐ] [명] 액체
30. 营养 [yíngyǎng] [명] 영양
31. 油炸 [yóuzhá] [동] 기름에 튀기다
32. 煮 [zhǔ] [동] 삶다, 익히다

의복과 액세서리 관련 어휘

1. 衬衫 [chènshān] [명] 셔츠, 와이셔츠
2. 服装 [fúzhuāng] [명] 복장, 의류, 의상
3. 戒指 [jièzhi] [명] 반지
4. 裤子 [kùzi] [명] 바지
5. 帽子 [màozi] [명] 모자
6. 牛仔裤 [niúzǎikù] [명] 청바지
7. 皮鞋 [píxié] [명] 가죽 신발, 구두
8. 裙子 [qúnzi] [명] 치마
9. 手表 [shǒubiǎo] [명] 손목시계
10. 手套 [shǒutào] [명] 장갑
11. 袜子 [wàzi] [명] 양말
12. 围巾 [wéijīn] [명] 목도리 스카프
13. 项链 [xiàngliàn] [명] 목걸이
14. 鞋 [xié] [명] 신발
15. 眼镜 [yǎnjìng] [명] 안경
16. 布 [bù] [명] 천, 베, 포
17. 穿 [chuān] [동] 입다, 신다, 가로지르다
18. 打扮 [dǎban] [명] 단장, 분장 [동] 화장하다, 치장하다
19. 系领带 [jì lǐngdài] [동] 넥타이를 매다
20. 棉花 [miánhua] [명] 솜, 목화
21. 时髦 [shímáo] [동] 유행이다
22. 脱 [tuō] [동] 벗다
23. 鲜艳 [xiānyàn] [형] 선명하다

여가 생활과 관련된 어휘

1. 表演 [biǎoyǎn] [동] 공연하다, 연기하다, 연출하다
2. 参观 [cānguān] [동] 참관하다, 견학하다
3. 钓 [diào] [동] 낚시질하다, 빼앗다
4. 滑冰 [huábīng] [동] 스케이트를 타다
5. 划船 [huáchuán] [동] (노 따위로) 배를 젓다
6. 京剧 [jīngjù] [명] 경극
7. 聚会 [jùhuì] [명] 모임 [동] 모이다
8. 俱乐部 [jùlèbù] [명] 모임, 동아리, 클럽
9. 麦克风 [màikèfēng] [명] 마이크
10. 美术 [měishù] [명] 미술, 예술
11. 谜语 [míyǔ] [명] 수수께끼
12. 票 [piào] [명] 표
13. 频道 [píndào] [명] 채널
14. 球迷 [qiúmí] [명] 구기광, 축구팬
15. 散步 [sànbù] [동] 산책하다, 산보하다
16. 摄影 [shèyǐng] [동] (사진, 영화를) 촬영하다
17. 太极拳 [tàijíquán] [명] 태극권
18. 弹钢琴 [tán gāngqín] [동] 피아노를 치다
19. 体验 [tǐyàn] [동] 체험하다
20. 跳舞 [tiàowǔ] [동] 춤을 추다
21. 戏剧 [xìjù] [명] 희극, 연극
22. 象棋 [xiàngqí] [명] 장기, 바둑
23. 笑话 [xiàohua] [명] 우스갯소리, 재미있는 이야기
24. 歇 [xiē] [동] 쉬다

25. 欣赏 [xīnshǎng] [동] 맘에 들다, 좋아하다, 감상하다
26. 演出 [yǎnchū] [명] 공연 [동] 공연하다
27. 业余 [yèyú] [형] 비전문의, 아마추어의
28. 游戏 [yóuxì] [명] 오락, 게임
29. 娱乐 [yúlè] [명] 오락, 예능
30. 羽毛球 [yǔmáoqiú] [명] 배드민턴
31. 杂志 [zázhì] [명] 잡지
32. 照相机 [zhàoxiàngjī] [명] 사진기

여행과 관련된 어휘
1. 岸 [àn] [명] 물가, 해안
2. 宾馆 [bīnguǎn] [명] (규모가 비교적 크고 시설이 좋은) 호텔
3. 博物馆 [bówùguǎn] [명] 박물관
4. 大使馆 [dàshǐguǎn] [명] 대사관
5. 登机牌 [dēngjīpái] [명] 탑승 카드
6. 地图 [dìtú] [명] 지도
7. 风俗 [fēngsú] [명] 풍속
8. 名胜古迹 [míngshèng gǔjì] [명] 명승고적
9. 签证 [qiānzhèng] [명] 비자
10. 行李箱 [xínglixiāng] [명] 짐가방
11. 游览 [yóulǎn] [동] 유람하다

시간과 관련된 어휘
1. 按时 [ànshí] [명] 제때에, 시간에 맞추어
2. 傍晚 [bàngwǎn] [명] 저녁 무렵, 황혼
3. 曾经 [céngjīng] [부] 일찍이, 이전에
4. 朝代 [cháodài] [명] 왕조의 연대, (어떤) 시기
5. 除夕 [chúxī] [명] 섣달 그믐날 (추석)
6. 从此 [cóngcǐ] [부] 지금부터, 이제부터
7. 从来 [cónglái] [부] (과거부터) 지금까지, 여태껏
8. 从前 [cóngqián] [부] 이전, 종전, 옛날
9. 当代 [dāngdài] [명] 당대의
10. 当时 [dāngshí] [명] 당시, 그때
11. 度过 [dùguò] [동] (시간을) 보내다, 넘기다
12. 公元 [gōngyuán] [명] 서기
13. 古代 [gǔdài] [명] 고대
14. 过期 [guòqī] [동] 기한을 넘기다
15. 后来 [hòulái] [부] (그)후, 그 다음에
16. 将来 [jiānglái] [명] 장래, 미래
17. 近代 [jìndài] [명] 근대
18. 礼拜天 [lǐbàitiān] [명] 일요일
19. 年代 [niándài] [명] 연대, 시대
20. 平常 [píngcháng] [형] 일반적이다, 평범하다 [부] 평소, 평상시
21. 平时 [píngshí] [부] 평상시, 평소, 보통 때
22. 期间 [qījiān] [명] 기간
23. 其次 [qícì] [대] 그 다음, 버금
24. 前途 [qiántú] [명] 앞날, 미래
25. 日常 [rìcháng] [형] 일상의, 일상적인
26. 如今 [rújīn] [명] 현재, 요즘
27. 时代 [shídài] [명] 시대
28. 时刻 [shíkè] [명] 시각, 시점, 순간
29. 时期 [shíqī] [명] 시기
30. 世纪 [shìjì] [명] 세기
31. 首先 [shǒuxiān] [부] 가장 먼저 [대] 우선, 첫째로
32. 随时 [suíshí] [부] 언제든지, 수시로
33. 提前 [tíqián] [동] (예정보다 시간을) 앞당기다
34. 往往 [wǎngwǎng] [부] 자주, 종종
35. 未来 [wèilái] [명] 미래
36. 现代 [xiàndài] [명] 현대
37. 一辈子 [yíbèizi] [명] 한평생, 일생
38. 以来 [yǐlái] [명] 이래, 동안
39. 悠久 [yōujiǔ] [형] 오래되다
40. 原来 [yuánlái] [부] 원래는, 알고 보니
41. 中旬 [zhōngxún] [명] 중순
42. 终于 [zhōngyú] [부] 마침내, 결국
43. 准时 [zhǔnshí] [부] 정각에, 시간을 잘 지키다
44. 总算 [zǒngsuàn] [부] 결국은, 마침내

학교와 관련된 어휘
1. 班 [bān] [명] 반, 조, 단체, 그룹
2. 本科 [běnkē] [명] (대학교의) 학부(과정), 주요 학과목

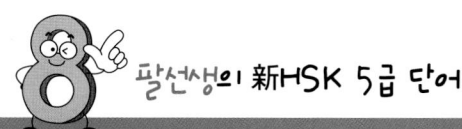

3. 操场 [cāochǎng] [명] 운동장
4. 测验 [cèyàn] [동] 시험하다, 테스트하다
5. 初级 [chūjí] [형] 초급의, 초등의
6. 地理 [dìlǐ] [명] 지리
7. 夹子 [jiāzi] [명] 집게, 클립
8. 讲座 [jiǎngzuò] [명] 강좌
9. 科学 [kēxué] [명] 과학 [형] 과학적이다
10. 课程 [kèchéng] [명] 수업과정, 커리큘럼, 교과목
11. 历史 [lìshǐ] [명] 역사
12. 铃 [líng] [명] 벨, 종
13. 年级 [niánjí] [명] 학년
14. 普通话 [pǔtōnghuà] [명] 표준어
15. 诗 [shī] [명] 시
16. 数学 [shùxué] [명] 수학
17. 文化 [wénhuà] [명] 문화
18. 文学 [wénxué] [명] 문학
19. 物理 [wùlǐ] [명] 물리
20. 学期 [xuéqī] [명] 학기
21. 学术 [xuéshù] [명] 학술
22. 学问 [xuéwen] [명] 학문
23. 语言 [yǔyán] [명] 언어
24. 哲学 [zhéxué] [명] 철학
25. 真理 [zhēnlǐ] [명] 진리
26. 专业 [zhuānyè] [명] 전공
27. 座位 [zuòwèi] [명] 좌석, 자리
28. 作品 [zuòpǐn] [명] 작품
29. 作文 [zuòwén] [명] 작문

문구와 관련된 어휘
1. 笔记本 [bǐjìběn] [명] 노트, 수첩, 비망록
2. 册 [cè] [명] 책, 책자, 권
3. 尺子 [chǐzi] [명] 자 표준 척도 잣대
4. 磁带 [cídài] [명] 녹음, 녹화용 테이프
5. 教材 [jiàocái] [명] 교재
6. 铅笔 [qiānbǐ] [명] 연필
7. 日记 [rìjì] [명] 일기
8. 文具 [wénjù] [명] 문구
9. 橡皮 [xiàngpí] [명] 지우개
10. 页 [yè] [명] 페이지, 쪽
11. 字典 [zìdiǎn] [명] 자전

교육과 학습 관련 어휘
1. 留学 [liúxué] [동] 유학하다
2. 毕业 [bìyè] [동] 졸업, 졸업하다
3. 发言 [fāyán] [동] 발표하다, 발언하다
4. 笨 [bèn] [동] 어리석다, 우둔하다
5. 辩论 [biànlùn] [동] 변론하다, 논쟁하다
6. 表扬 [biǎoyáng] [동] 칭찬하다, 표창하다
7. 常识 [chángshí] [명] 상식, 일반 지식
8. 抄 [chāo] [동] 베끼다, 표절하다
9. 成绩 [chéngjì] [명] 성적
10. 成语 [chéngyǔ] [명] 성어
11. 迟到 [chídào] [동] 지각하다
12. 出版 [chūbǎn] [동] 출판하다
13. 词语 [cíyǔ] [명] 단어와 어구, 어휘, 글자
14. 答案 [dá'àn] [명] 답안, 해답
15. 概括 [gàikuò] [동] 개괄하다, 요약하다, 귀납하다
16. 概念 [gàiniàn] [명] 개념
17. 规矩 [guīju] [명] 표준, 법칙 [형] 모범적이다
18. 规律 [guīlǜ] [명] 규율, 법칙
19. 规则 [guīzé] [명] 규칙, 규정 [형] 규칙적이다
20. 话题 [huàtí] [명] 화제, 논제, 이야기 주제
21. 记忆 [jìyì] [동] 기억하다
22. 纪律 [jìlǜ] [명] 기율, 기강, 법도
23. 教训 [jiàoxùn] [명] 교훈 [동] 꾸짖다, 일깨우다, 훈계하다
24. 教育 [jiàoyù] [동] 교육하다
25. 解释 [jiěshì] [동] 해석하다, 해명하다, 해설하다, 변명하다
26. 进步 [jìnbù] [동] 진보하다, 향상되다
27. 句子 [jùzi] [명] 문장, 마디
28. 理论 [lǐlùn] [명] 이론
29. 理由 [lǐyóu] [명] 이유

30. 论文 [lùnwén] [명] 논문
31. 逻辑 [luójí] [명] 논리
32. 念 [niàn] [동] (소리내어) 읽다, 공부하다, 생각하다, 그리워하다
33. 批评 [pīpíng] [동] 비평하다, 비난하다, 혼내다
34. 实习 [shíxí] [동] 실습하다
35. 实验 [shíyàn] [동] 실험하다
36. 提纲 [tígāng] [명] 요강, 개요
37. 提问 [tíwèn] [명] 질문 [동] 질문하다
38. 题 [tí] [명] 문제
39. 题目 [tímù] [명] 문제, 제목
40. 体会 [tǐhuì] [동] 느끼다, 몸소 느끼다
41. 文明 [wénmíng] [명] 문명 [형] 교양이 있다
42. 文章 [wénzhāng] [명] 문장, 글
43. 疑问 [yíwèn] [명] 의문
44. 优秀 [yōuxiù] [형] 우수하다
45. 阅读 [yuèdú] [동] 독해하다
46. 知识 [zhīshi] [명] 지식
47. 指导 [zhǐdǎo] [동] 지도하다
48. 智慧 [zhìhuì] [명] 지혜
49. 字 [zì] [명] 글자

감정과 심리상태와 관련된 어휘

1. 爱护 [àihù] [동] 소중히 하다, 잘 보살피다
2. 表达 [biǎodá] [동] 나타내다, 표현하다
3. 表示 [biǎoshì] [동] 표시하다, 명시하다
4. 表现 [biǎoxiàn] [동] 표현하다
5. 不耐烦 [búnàifán] [동] 귀찮다, 견디지 못하다
6. 吵架 [chǎojià] [동] 다투다, 말다툼하다
7. 沉默 [chénmò] [동] 침묵하다
8. 诚恳 [chéngkěn] [형] 진실하다, 간절하다
9. 放松 [fàngsōng] [동] 늦추다, 느슨하게 하다
10. 放心 [fàngxīn] [동] 마음 놓다, 안심하다
11. 感动 [gǎndòng] [동] 감동하다, 감격하다
12. 感激 [gǎnjī] [동] 감격하다
13. 感觉 [gǎnjué] [동] 느끼다, 여기다 [명] 느낌

14. 感情 [gǎnqíng] [명] 감정
15. 感受 [gǎnshòu] [동] 받다, 느끼다 [명] 느낌, 감상
16. 感谢 [gǎnxiè] [명] [동] 감사(하다)
17. 恨 [hèn] [동] 원망(하다), 증오(하다)
18. 后悔 [hòuhuǐ] [동] 후회하다
19. 欢迎 [huānyíng] [동] 환영하다
20. 流泪 [liúlèi] [동] 눈물을 흘리다
21. 骂 [mà] [동] 욕하다, 꾸짖다, 따지다
22. 满意 [mǎnyì] [형] 만족하다
23. 满足 [mǎnzú] [형] 만족시키다, 부응하다, 만족하다
24. 难过 [nánguò] [형] 슬프다, 괴롭다
25. 难受 [nánshòu] [형] 견디기 어렵다, 슬프다
26. 情绪 [qíngxù] [명] 기분, 정서
27. 忍不住 [rěnbuzhù] [동] 견딜 수 없다
28. 失望 [shīwàng] [동] 실망하다
29. 受不了 [shòubuliǎo] [동] 못 견디다
30. 羡慕 [xiànmù] [형] 부러워하다
31. 想念 [xiǎngniàn] [동] 그리워하다
32. 心理 [xīnlǐ] [명] 심리, 마음
33. 心情 [xīnqíng] [명] 심정, 기분
34. 遗憾 [yíhàn] [형] 유감스럽다, 섭섭하다
35. 自豪 [zìháo] [동] 자랑스럽다
36. 自信 [zìxìn] [명] 자신 [동] 자신 있다
37. 尊敬 [zūnjìng] [동] 존경하다
38. 尊重 [zūnzhòng] [동] 존중하다
39. 感想 [gǎnxiǎng] [명] 감상, 느낌, 소감
40. 专心 [zhuānxīn] [동] 심혈을 기울이다, 온 정신을 쏟다
41. 安慰 [ānwèi] [동] 위로하다
42. 孤单 [gūdān] [형] 외롭다, 쓸쓸하다, 고적하다
43. 灰心 [huīxīn] [형] 낙심하다, 의기소침하다
44. 寂寞 [jìmò] [형] 외롭다, 쓸쓸하다
45. 可惜 [kěxī] [형] 안타깝다, 아쉽다
46. 乐观 [lèguān] [형] 낙관적이다
47. 痛苦 [tòngkǔ] [형] 고통스럽다
48. 痛快 [tòngkuài] [형] 통쾌하다, 기분 좋다
49. 微笑 [wēixiào] [명] 미소 [동] 미소를 짓다

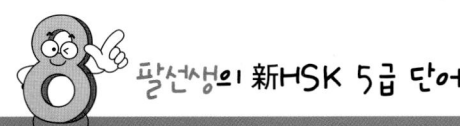

50. 兴奋 [xīngfèn] [형] 흥분하다, 기쁘다	**비즈니스 및 직장생활과 관련된 어휘(1)**
51. 幸福 [xìngfú] [형] 행복하다	1. 编辑 [biānjí] [동] 편집하다
52. 爱情 [àiqíng] [명] 남녀 간의 사랑, 애정	2. 部门 [bùmén] [명] 부분, 부, 분과
53. 爱惜 [àixī] [형] 애석하다, 아끼다, 소중히 여기다	3. 辞职 [cí//zhí] [동] 사직하다, 직장을 그만두다, 직무에서 물러나다
54. 爱心 [àixīn] [형] 사랑하는 마음	4. 代表 [dàibiǎo] [명] 대표 [동] 대표하다
55. 关怀 [guānhuái] [형] (윗사람이 아랫사람에게) 관심을 가지고 보살피다, 배려하다	5. 地位 [dìwèi] [명] (사회적) 지위, 위치
56. 关心 [guānxīn] [형] 관심을 갖다, 관심을 기울이다	6. 单位 [dānwèi] [명] 직장, 기관, 단체, 단위
57. 敬爱 [jìng'ài] [형] 경애하다, 존경하고 사랑하다	7. 工具 [gōngjù] [명] 공구, 도구, 수단, 방법
58. 热爱 [rè'ài] [형] 매우 좋아하다, 애착을 가지다	8. 工业 [gōngyè] [명] 공업
59. 热心 [rèxīn] [형] 인정이 많다, 온화하다	9. 工资 [gōngzī] [명] 월급
60. 疼 [téng] [형] 아프다, 몹시 사랑하다	10. 股票 [gǔpiào] [명] 주식, 유가증권
61. 友好 [yǒuhǎo] [형] 우호적이다	11. 雇佣 [gùyōng] [동] 고용하다
62. 友谊 [yǒuyì] [명] 우의, 우정	12. 行业 [hángyè] [명] 업무, 직업
63. 珍惜 [zhēnxī] [형] 아끼다, 소중히 여기다	13. 利润 [lìrùn] [명] 이윤
64. 悲观 [bēiguān] [명] 비관 [형] 비관적이다	14. 利益 [lìyì] [명] 이익
65. 不安 [bù'ān] [형] 불안하다	15. 贸易 [màoyì] [명] 무역
66. 操心 [cāoxīn] [형] 걱정하다, 염려하다	16. 企业 [qǐyè] [명] 기업
67. 吃惊 [chījīng] [형] 놀라다	17. 人员 [rényuán] [명] 인원, 요원
68. 担心 [dānxīn] [형] 염려하다, 걱정하다	18. 职业 [zhíyè] [명] 직업
69. 发愁 [fāchóu] [형] 걱정하다, 근심하다, 우려하다	19. 资金 [zījīn] [명] 자금
70. 发抖 [fādǒu] [형] (벌벌) 떨다, 떨리다	20. 系统 [xìtǒng] [명] 계통, 시스템
71. 害怕 [hàipà] [형] 두려워하다, 무서워하다	21. 业务 [yèwù] [명] 업무
72. 害羞 [hàixiū] [형] 부끄러워하다, 수줍어하다	22. 生产 [shēngchǎn] [동] 생산하다
73. 寂寞 [jìmò] [형] 외롭다, 쓸쓸하다	23. 文件 [wénjiàn] [명] 문건, 서류
74. 骄傲 [jiāo'ào] [명] 자랑, 긍지 [형] 거만하다, 교만하다, 자랑스럽다	24. 商业 [shāngyè] [명] 상업
75. 紧张 [jǐnzhāng] [형] 긴장되다, 바쁘다	25. 人事 [rénshì] [명] 인사
76. 可怕 [kěpà] [형] 두렵다, 무섭다	26. 人才 [réncái] [명] 인재
77. 恐怖 [kǒngbù] [형] 공포스럽다, 무섭다, 두렵다	27. 开发 [kāifā] [동] 개발하다
78. 刺激 [cìjī] [형] 자극하다, 북돋우다, 흥분시키다	28. 经营 [jīngyíng] [명] 경영 [동] 경영하다
79. 激动 [jīdòng] [형] 흥분하다, 감격하다, 격동하다	29. 技术 [jìshù] [명] 기술, 기교
80. 热情 [rèqíng] [형] 친절하다, 열정적이다	30. 管理 [guǎnlǐ] [동] 관리하다, 관할하다, 돌보다
81. 晕 [yūn] [형] 어지럽다, 멀미하다	31. 程序 [chéngxù] [명] 순서, 절차, 단계
82. 醉 [zuì] [동] 취하다	32. 产品 [chǎnpǐn] [명] 상품
	33. 组织 [zǔzhī] [동] 조직하다, 구성하다, 결성하다

비즈니스 및 직장생활과 관련된 어휘(2)

1. 报告 [bàogào] [동] 보고하다
2. 材料 [cáiliào] [명] 재료, 자재, 자료, 데이타
3. 参考 [cānkǎo] [동] 참고하다, 참조하다
4. 插 [chā] [동] 꽂다, 끼우다, 삽입하다
5. 成功 [chénggōng] [명] 성공 [동] 성공하다
6. 成果 [chéngguǒ] [명] 성과, 결과
7. 成就 [chéngjiù] [명] 성취, 업적
   [동] (성과를) 완성하다, 이루다
8. 传真 [chuánzhēn] [명] 팩스
9. 打印 [dǎ//yìn] [동] 인쇄하다, 프린트하다
10. 担任 [dānrèn] [동] 맡다, 담임하다, 담당하다
11. 调查 [diàochá] [동] (현장에서) 조사하다
12. 发票 [fāpiào] [명] 영수증
13. 方案 [fāng'àn] [명] 방안, 법식, 표준양식
14. 分析 [fēnxī] [동] 분석하다
15. 复印 [fùyìn] [동] 복사하다
16. 干活儿 [gàn//huór] [동] 일하다
17. 干 [gàn] [동] 일을 하다, 담당하다
18. 共同 [gòngtóng] [부] 공동의, 더불어, 함께
19. 合同 [hétong] [명] 계약(서)
20. 合作 [hézuò] [동] 합작(하다), 협력(하다)
21. 集合 [jíhé] [동] 집합하다, 모으다
22. 集体 [jítǐ] [명] 집단, 단체
23. 计划 [jìhuà] [동] 계획하다
24. 计算 [jìsuàn] [동] 계산하다
25. 简历 [jiǎnlì] [명] 이력, 경력
26. 建议 [jiànyì] [명] 건의, 제안 [동] 건의하다, 제안하다
27. 接待 [jiēdài] [동] 접대하다
28. 经历 [jīnglì] [명] 경험, 경력 [동] 겪다, 경험하다
29. 经验 [jīngyàn] [명] 경험
30. 劳动 [láodòng] [명] 노동 [동] 노동하다
31. 利息 [lìxī] [명] 이자
32. 签字 [qiānzì] [동] 서명하다, 사인하다
33. 任务 [rènwu] [명] 임무
34. 失业 [shīyè] [동] 실업하다, 직업을 잃다
35. 收入 [shōurù] [명] 수입
36. 讨论 [tǎolùn] [동] 토론하다 [명] 토론
37. 退休 [tuìxiū] [동] 퇴직하다
38. 销售 [xiāoshòu] [동] 판매하다, 팔다
39. 效率 [xiàolǜ] [명] 효율
40. 信息 [xìnxī] [명] 정보, 소식
41. 意见 [yìjiàn] [명] 의견
42. 议论 [yìlùn] [동] 의논하다, 논의하다
43. 营业 [yíngyè] [동] 영업하다
44. 应聘 [yìngpìn] [동] 지원하다
45. 责任 [zérèn] [명] 책임
46. 招聘 [zhāopìn] [동] 채용하다
47. 资格 [zīgé] [명] 자격
48. 资料 [zīliào] [명] 자료
49. 咨询 [zīxún] [동] 자문을 구하다, 자문하다, 물어보다
50. 做生意 [zuò shēngyi] [동] 장사를 하다

방향, 교통, 지리와 관련된 어휘(1)

1. 周围 [zhōuwéi] [명] 주위, 주변
2. 中心 [zhōngxīn] [명] 센터, 중심
3. 方向 [fāngxiàng] [명] 방향
4. 车厢 [chēxiāng] [명] (열차의) 객실이나 수화물칸
5. 车库 [chēkù] [명] 차고
6. 乘 [chéng] [동] 오르다, 타다
7. 乘坐 [chéngzuò] [동] (자동차, 배, 비행기 등을) 타다
8. 出发 [chūfā] [동] 출발하다
9. 出口 [chū//kǒu] [명] 출구
10. 出租车 [chūzūchē] [명] 택시
11. 达到 [dá//dào] [동] 달성하다, 도달하다, 이르다
12. 到 [dào] [동] 도착하다, 이르다
13. 到达 [dàodá] [동] 도달하다, 도착하다
14. 地铁 [dìtiě] [명] 지하철
15. 堵车 [dǔchē] [동] 차가 막히다
16. 飞机 [fēijī] [명] 비행기
17. 航班 [hángbān] [명] (비행기나 배의) 운행표
18. 交通 [jiāotōng] [명] 교통

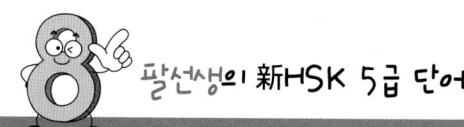

팔선생의 新HSK 5급 단어

19. 降落 [jiàngluò] [동] 착륙하다
20. 驾驶 [jiàshǐ] [동] 운전하다
21. 加油站 [jiāyóuzhàn] [명] 주유소
22. 高速公路 [gāosù gōnglù] [명] 고속도로
23. 卡车 [kǎchē] [명] 트럭
24. 摩托车 [mótuōchē] [명] 오토바이
25. 街道 [jiēdào] [명] 거리 길
26. 距离 [jùlí] [명] 거리 길
27. 起飞 [qǐfēi] [동] 이륙하다
28. 桥 [qiáo] [명] 다리, 교량
29. 速度 [sùdù] [명] 속도
30. 往返 [wǎngfǎn] [동] 왕복하다
31. 运输 [yùnshū] [동] 운송하다
32. 救护车 [jiùhùchē] [명] 응급차
33. 目的 [mùdì] [명] 목적
34. 迷路 [mí//lù] [동] 길을 잃다
35. 汽油 [qìyóu] [명] 가솔린, 휘발유
36. 公里 [gōnglǐ] [명] 킬로미터
37. 胡同 [hútong] [명] 골목, 작은 거리

방향, 교통, 지리와 관련된 어휘(2)

1. 背景 [bèijǐng] [명] 배경, 배후세력
2. 城市 [chéngshì] [명] 도시
3. 场 [chǎng] [명] 장소, 무대, 활동의 장
4. 当地 [dāngdì] [명] 그 지방, 현지
5. 到处 [dàochù] [명] 곳곳, 도처, 가는 곳
6. 地道 [dìdao] [형] 진짜의, 본고장의
7. 底 [dǐ] [명] 밑, 바닥, 속사정, 원고, 끝
8. 地区 [dìqū] [명] 구역, 지역
9. 地址 [dìzhǐ] [명] 주소
10. 风景 [fēngjǐng] [명] 풍경
11. 工厂 [gōngchǎng] [명] 공장
12. 广场 [guǎngchǎng] [명] 광장, 넓은 공간
13. 领域 [lǐngyù] [명] 영역
14. 面积 [miànjī] [명] 면적
15. 通过 [tōngguò] [동] 통과하다, ~을 통해서
16. 广泛 [guǎngfàn] [형] 광범위하다, 폭넓다
17. 附近 [fùjìn] [형] 근처, 부근
18. 岛 [dǎo] [명] 섬
19. 地球 [dìqiú] [명] 지구

건강과 관련된 어휘

1. 病毒 [bìngdú] [명] 독, 바이러스
2. 抽烟 [chōuyān] [동] 담배 피우다
3. 打喷嚏 [dǎ pēntì] [동] 재채기를 하다
4. 打针 [dǎ//zhēn] [동] 주사 놓다
5. 发烧 [fā//shāo] [동] 열이나다
6. 感冒 [gǎnmào] [명] 감기 [동] 감기 걸리다
7. 挂号 [guà//hào] [동] 등록하다, 접수시키다
8. 过敏 [guòmǐn] [동] 과민하다, 예민하다
9. 缓解 [huǎnjiě] [동] 완화되다, 풀어지다
10. 恢复 [huīfù] [동] 회복하다
11. 活动 [huódòng] [동] 움직이다, 활동하다
12. 肌肉 [jīròu] [명] 근육
13. 健身房 [jiànshēnfáng] [명] 헬스장, 스포츠센터
14. 戒烟 [jièyān] [동] 금연하다
15. 精力 [jīnglì] [명] 힘, 에너지, 정신과 체력
16. 精神 [jīngshén] [명] 정신, 기운 [동] 활기차다, 힘나다
17. 救 [jiù] [동] 구하다, 구제하다
18. 咳嗽 [késou] [동] 기침하다
19. 克服 [kèfú] [동] 극복하다
20. 力量 [lìliang] [동] 힘, 역량
21. 力气 [lìqi] [동] 힘, 역량
22. 内科 [nèikē] [명] 내과
23. 疲劳 [píláo] [명] 피로 [동] 지치다, 피로하다
24. 弱 [ruò] [형] 약하다
25. 神经 [shénjīng] [명] 신경
26. 生病 [shēngbìng] [동] 병나다
27. 生动 [shēngdòng] [동] 생동감 있다
28. 手术 [shǒushù] [명] 수술
29. 受伤 [shòushāng] [동] 부상당하다, 다치다
30. 寿命 [shòumìng] [명] 수명

31. 舒服 [shūfu] [형] 편안하다
32. 摔 [shuāi] [동] 쓰러지다, 넘어지다
33. 危害 [wēihài] [동] 해가 되다, 해를 끼치다
34. 瞎 [xiā] [동] 눈이 보이지 않다, 실명하다, 함부로, 되는 대로
35. 着凉 [zháoliáng] [동] 감기 걸리다, 바람을 맞다
36. 诊断 [zhěnduàn] [동] 진단하다

정보통신 및 숫자와 관련된 어휘

1. 报道 [bàodào] [동] 보도하다
2. 电池 [diànchí] [명] 건전지
3. 电脑 [diànnǎo] [명] 컴퓨터
4. 电台 [diàntái] [명] 무선통신기, 라디오 방송국
5. 短信 [duǎnxìn] [명] 문자메시지
6. 光盘 [guāngpán] [명] CD, 콤팩트 디스크
7. 广播 [guǎngbō] [동] 방송하다, 널리 퍼지다
8. 半 [bàn] [수] 반, 1/2
9. 倍 [bèi] [수] 배, 곱절, 갑절
10. 遍 [biàn] [양] 번, 회, 온통
11. 层 [céng] [명] 층, 겹, 벌
12. 大约 [dàyuē] [부] 다분히, 대개는, 대략
13. 大概 [dàgài] [부] 대략, 대요, 대강

쇼핑 및 소비와 관련된 어휘

1. 贷款 [dài//kuǎn] [동] 돈을 빌리다, 대출하다
2. 堆 [duī] [명] 무더기, 언덕 [동] 쌓여 있다
3. 多余 [duōyú] [형] 여분의, 나머지, 쓸데없는
4. 朵 [duǒ] [양] 송이, 조각, 점
5. 幅 [fú] [양] (옷감의) 너비, 폭, 넓이
6. 富 [fù] [형] 부유하다
7. 付款 [fù//kuǎn] [동] 돈을 지불하다
8. 公斤 [gōngjīn] [명] 킬로그램
9. 购买 [gòumǎi] [동] 물건을 사다, 구입하다
10. 估计 [gūjì] [동] 추측하다, 예측하다
11. 光临 [guānglín] [동] 광림하시다
12. 广告 [guǎnggào] [명] 광고, 선전
13. 逛 [guàng] [동] 거닐다, 배회하다, 산보하다
14. 柜台 [guìtái] [명] 계산대, 카운터
15. 号 [hào] [명] 이름, 명칭, 상점, 번호
16. 合理 [hélǐ] [형] 합리적이다
17. 汇率 [huìlǜ] [명] 환율
18. 价格 [jiàgé] [명] 가격
19. 价值 [jiàzhí] [명] 가치
20. 节约 [jiéyuē] [동] 절약하다
21. 结账 [jié//zhàng] [동] 결제하다, 결산하다, 계산하다
22. 零钱 [língqián] [명] 잔돈
23. 流行 [liúxíng] [형] 유행하다
24. 名牌 [míngpái] [명] 유명 브랜드, 유명 상표
25. 免费 [miǎn//fèi] [동] 무료로 하다
26. 排队 [páiduì] [동] 줄 서다
27. 赔偿 [péicháng] [동] 배상하다
28. 便宜 [piányi] [동] 싸다
29. 品种 [pǐnzhǒng] [명] 품종, 제품 종류
30. 破产 [pòchǎn] [동] 파산하다
31. 人民币 [Rénmínbì] [명] 인민폐
32. 商品 [shāngpǐn] [명] 상품
33. 时尚 [shíshàng] [명] 시대적 유행, 유행, 풍조
34. 实用 [shíyòng] [형] 실용적이다, 실제로 쓰다
35. 市场 [shìchǎng] [명] 시장
36. 数量 [shùliàng] [명] 수량, 양
37. 丝绸 [sīchóu] [명] 비단, 견직물
38. 损失 [sǔnshī] [명] 손실 [동] 손실되다, 손해보다
39. 态度 [tàidu] [명] 태도
40. 宣传 [xuānchuán] [동] 선전하다, 광고하다
41. 硬币 [yìngbì] [명] 금속 화폐, 동전
42. 质量 [zhìliàng] [명] 품질

감사, 축하, 부탁과 관련된 어휘

1. 不要紧 [búyàojǐn] [동] 괜찮다, 문제없다, 대수롭지 않다
2. 答应 [dāying] [동] 대답하다, 응답하다, 승낙하다
3. 多亏 [duōkuī] [동] 은혜를 입다, 덕택이다
4. 抱歉 [bàoqiàn] [동] 사과하다, 사죄하다

팔선생의 新HSK 5급 단어

5. 惭愧 [cánkuì] [동] 부끄럽다, 송구스럽다
6. 道歉 [dào//qiàn] [동] 사과하다, 사죄하다
7. 祝贺 [zhùhè] [명] 축하 [동] 축하하다
8. 嘱咐 [zhǔfù] [동] 부탁하다
9. 祝 [zhù] [동] 바라다, 빌다, 축원하다
10. 祝福 [zhùfú] [명] 축복 [동] 축복하다, 축원하다

계절 날씨 자연 환경과 관련된 어휘

1. 彩虹 [cǎihóng] [명] 무지개
2. 草 [cǎo] [명] 풀(재배 식물 이외의 초본 식물의 총칭)
3. 翅膀 [chìbǎng] [명] (새·곤충 등의) 날개
4. 大象 [dàxiàng] [명] 코끼리
5. 地震 [dìzhèn] [명] 지진
6. 动物 [dòngwù] [명] 동물
7. 鸽子 [gēzi] [명] 비둘기
8. 狗 [gǒu] [명] 개, 앞잡이, 끄나풀
9. 刮风 [guāfēng] [동] 바람이 불다
10. 果实 [guǒshí] [명] 과실
11. 海洋 [hǎiyáng] [명] 해양
12. 河 [hé] [명] 강, 하천
13. 猴子 [hóuzi] [명] 원숭이
14. 蝴蝶 [húdié] [명] 나비
15. 花生 [huāshēng] [명] 땅콩
16. 花园 [huāyuán] [명] 화원
17. 环境 [huánjìng] [명] 환경
18. 季节 [jìjié] [명] 계절, 철, 절기
19. 郊区 [jiāoqū] [명] 교외
20. 景色 [jǐngsè] [명] 경치
21. 空间 [kōngjiān] [명] 공간
22. 空气 [kōngqì] [명] 공기
23. 老鼠 [lǎoshǔ] [명] 쥐
24. 老虎 [lǎohǔ] [명] 호랑이
25. 雷 [léi] [명] 우레, 천둥
26. 狼 [láng] [명] 이리
27. 凉快 [liángkuai] [형] 서늘하다, 시원하다
28. 亮 [liàng] [형] 밝다
29. 陆地 [lùdì] [명] 육지
30. 蜜蜂 [mìfēng] [명] 꿀벌
31. 木头 [mùtou] [명] 나무, 목재
32. 能源 [néngyuán] [명] 에너지원, 에너지
33. 农村 [nóngcūn] [명] 농촌
34. 暖和 [nuǎnhuo] [형] 따뜻하다
35. 飘 [piāo] [동] 나부끼다, 흩날리다
36. 森林 [sēnlín] [명] 삼림, 숲
37. 沙漠 [shāmò] [명] 사막
38. 沙滩 [shātān] [명] 백사장, 모래사장
39. 晒 [shài] [동] 햇볕에 말리다, 햇볕을 쬐다
40. 闪电 [shǎndiàn] [동] 번개가 번쩍이다 [명] 번개
41. 蛇 [shé] [명] 뱀
42. 生命 [shēngmìng] [명] 생명
43. 湿润 [shīrùn] [형] 축축하다, 촉촉하다
44. 狮子 [shīzi] [명] 사자
45. 石头 [shítou] [명] 돌, 바위
46. 树 [shù] [명] 나무
47. 寺庙 [sìmiào] [명] 사원, 절
48. 太阳 [tàiyáng] [명] 태양
49. 天空 [tiānkōng] [명] 하늘
50. 天气 [tiānqì] [명] 날씨
51. 田野 [tiányě] [명] 들판
52. 土地 [tǔdì] [명] 토지, 땅
53. 兔子 [tùzi] [명] 토끼
54. 尾巴 [wěiba] [명] 꼬리
55. 温度 [wēndù] [명] 온도
56. 污染 [wūrǎn] [명] 오염 [동] 오염되다, 오염시키다
57. 雾 [wù] [명] 안개
58. 现象 [xiànxiàng] [명] 현상
59. 熊猫 [xióngmāo] [명] 판다
60. 雪 [xuě] [명] 눈
61. 阳光 [yángguāng] [명] 햇빛
62. 叶子 [yèzi] [명] 잎
63. 阴 [yīn] [형] 흐리다
64. 宇宙 [yǔzhòu] [명] 우주

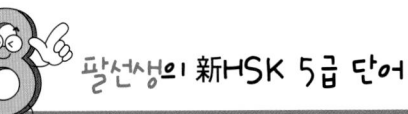

65. 月亮 [yuèliang] [명] 달
66. 云 [yún] [명] 구름
67. 涨 [zhǎng] [동] 올라가다, 불어나다
68. 植物 [zhíwù] [명] 식물
69. 竹子 [zhúzi] [명] 대나무
70. 资源 [zīyuán] [명] 자원

사회 생활 및 활동과 관련된 어휘

1. 把握 [bǎwò] [동] 쥐다, 잡다, 파악하다
2. 表明 [biǎomíng] [동] 표명하다, 분명하게 밝히다
3. 表面 [biǎomiàn] [명] 표면, 외견, 외관
4. 补充 [bǔchōng] [동] 보충하다, 보완하다
5. 参加 [cānjiā] [동] 참가하다, 참여하다
6. 参与 [cānyù] [동] 참여하다, 참가하다
7. 承担 [chéngdān] [동] 담당하다
8. 成长 [chéngzhǎng] [동] 성장하다, 자라다
9. 出色 [chūsè] [동] 특별히 좋다, 대단히 뛰어나다
10. 出席 [chū//xí] [동] 출석하다
11. 出现 [chūxiàn] [동] 출현하다, 나타나다
12. 处理 [chǔlǐ] [동] 처리하다, 해결하다
13. 闯 [chuǎng] [동] 돌진하다, 야기하다, 일으키다
14. 促进 [cùjìn] [동] 촉진시키다, 재촉하다
15. 促使 [cùshǐ] [동] ~하도록 (재촉)하다
16. 打工 [dǎgōng] [동] 아르바이트하다, 일하다
17. 打听 [dǎting] [동] 물어보다, 탐문하다, 알아보다
18. 独立 [dúlì] [동] 독립하다, 홀로 서다
19. 发表 [fābiǎo] [동] 발표하다
20. 发挥 [fāhuī] [동] 발휘하다
21. 发明 [fāmíng] [명] 발명 [동] 발명하다
22. 放弃 [fàngqì] [동] 포기하다, 버리다
23. 报名 [bào//míng] [동] 등록하다, 신청하다
24. 办理 [bànlǐ] [동] 처리하다, 취급하다
25. 本领 [běnlǐng] [명] 능력, 기량, 재능, 수완
26. 本质 [běnzhì] [명] 본질
27. 成为 [chéngwéi] [동] ~이(가) 되다, ~(으)로 되다
28. 充分 [chōngfèn] [동] 충분하다

29. 重复 [chóngfù] [동] 중복되다, 반복하다
30. 充满 [chōngmǎn] [동] 충만하다, 넘치다
31. 自愿 [zìyuàn] [동] 자원하다, 자원
32. 自由 [zìyóu] [명] 자유 [형] 자유롭다
33. 自私 [zìsī] [형] 이기적이다
34. 自觉 [zìjué] [동] 자각하다, 스스로 느끼다 [형] 자발적인, 자진하여
35. 自动 [zìdòng] [형] 자동적으로, 자발적으로, 자진하여
36. 姿势 [zīshì] [명] 자세
37. 追求 [zhuīqiú] [동] 추구하다, 따르다
38. 状态 [zhuàngtài] [명] 상태
39. 状况 [zhuàngkuàng] [명] 상황
40. 撞 [zhuàng] [동] 부딪히다
41. 注册 [zhùcè] [동] 등록하다
42. 注意 [zhùyì] [동] 주의하다
43. 保护 [bǎohù] [동] 보호하다

인간관계 커뮤니케이션과 관련된 어휘

1. 彼此 [bǐcǐ] [명] 쌍방, 서로, 상호
2. 吵 [chǎo] [동] 시끄럽다, 떠들썩하다
3. 称呼 [chēnghu] [동] ~라고 부르다 [명] 호칭
4. 称 [chēng] [동] 부르다, 일컫다, 불리다, 무게를 달다
5. 承认 [chéngrèn] [동] 승인하다, 인정하다
6. 承受 [chéngshòu] [동] 받아들이다, 견뎌내다, 감당하다, 인내하다
7. 吃亏 [chī//kuī] [동] 손해보다
8. 打交道 [dǎ jiāodao] [동] 왕래하다, 교제하다, 사귀다, 연락하다
9. 待遇 [dàiyù] [명] 대우, 처우
10. 打扰 [dǎrǎo] [동] 방해하다, 폐를 끼치다
11. 打招呼 [dǎ zhāohu] [동] (말이나 행동으로) 인사하다, 통지하다, 알리다
12. 代替 [dàitì] [동] 대신하다, 대체하다
13. 反对 [fǎnduì] [동] 반대하다
14. 访问 [fǎngwèn] [동] 방문하다, 둘러보다
15. 采访 [cǎifǎng] [동] 취재하다, 인터뷰하다
16. 采取 [cǎiqǔ] [동] 채용하다, 채택하다

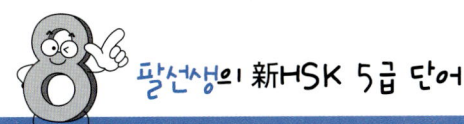

17. 差别 [chābié] [명] 차별, 차이, 구별
18. 差 [chà] [동] 뒤떨어지다
19. 催 [cuī] [동] 재촉하다, 촉진하다, 다그치다
20. 等待 [děngdài] [동] 기다리다
21. 等候 [děnghòu] [동] 기다리다
22. 对比 [duìbǐ] [동] 대비하다, 대조하다
23. 对待 [duìdài] [동] 다루다, 대응하다, 대처하다, 상대하다
24. 对话 [duì//huà] [동] 대화하다
25. 对面 [duìmiàn] [명] 맞은편, 정면, 마주보고
26. 对手 [duìshǒu] [명] 상대, 적수
27. 对象 [duìxiàng] [명] (연애·결혼의) 상대, 대상
28. 妨碍 [fáng'ài] [동] 지장을 주다, 방해하다
29. 辅导 [fǔdǎo] [동] 도우며 지도하다
30. 负责 [fùzé] [동] 책임지다, 맡은바 성실히 노력하다
31. 告诉 [gàosu] [동] 말하다, 알리다
32. 告别 [gào//bié] [동] 고별하다, 작별 인사하다
33. 怀疑 [huáiyí] [동] 의심하다
34. 称赞 [chēngzàn] [동] 칭찬하다, 찬양하다
35. 沟通 [gōutōng] [동] 소통하다
36. 鼓励 [gǔlì] [동] 격려하다, 용기를 북 돋우다
37. 鼓舞 [gǔwǔ] [동] 격려하다, 고무하다
38. 逗 [dòu] [동] 놀리다, 희롱하다
39. 废话 [fèihuà] [명] 쓸데없는 말, 허튼소리

국가와 관련된 어휘

1. 安全 [ānquán] [형] 안전하다
2. 国籍 [guójí] [명] 국적
3. 国家 [guójiā] [명] 국가
4. 国际 [guójì] [명] 국제
5. 国庆节 [Guóqìng Jié] [명] 국경절, 10/1일
6. 和平 [hépíng] [명] [형] 평화(롭다)
7. 发展 [fāzhǎn] [명] 발전하다, 확대·발전시키다
8. 发达 [fādá] [동] 발전시키다, 발달하다
9. 标志 [biāozhì] [명] 표지, 지표, 상징
10. 繁荣 [fánróng] [형] 번영하다, 크게 발전하다
11. 传说 [chuánshuō] [명] 전설 [동] 이리저리 말이 전해지다
12. 改革 [gǎigé] [동] 개혁하다
13. 改变 [gǎibiàn] [동] 변하다, 바뀌다, 달라지다
14. 革命 [gémìng] [명] 혁명
15. 祖国 [zǔguó] [명] 조국
16. 管 [guǎn] [동] 관할하다, 관리하다, 지키다
17. 广大 [guǎngdà] [형] 광대하다, 거대하다
18. 光荣 [guāngróng] [명] [형] 영광(스럽다), 영예(롭다)
19. 政策 [zhèngcè] [명] 정책
20. 政府 [zhèngfǔ] [명] 정부
21. 政治 [zhèngzhì] [명] 정치
22. 主席 [zhǔxí] [명] 주석, 의장, 위원장

법률과 질서에 관련된 어휘

1. 保持 [bǎochí] [동] 유지하다, 지키다
2. 保存 [bǎocún] [동] 보존하다
3. 保险 [bǎo//xiǎn] [동] 안전하다, 위험이 없다
4. 保证 [bǎozhèng] [동] 보증하다, 담보하다, 확보하다, 확실히 책임지다
5. 避免 [bìmiǎn] [동] 피하다, 모면하다
6. 标准 [biāozhǔn] [명] 표준, 기준 [형] 표준적이다
7. 传递 [chuándì] [동] (차례차례) 전달하다
8. 法律 [fǎlǜ] [명] 법률
9. 法院 [fǎyuàn] [명] 법원
10. 改进 [gǎijìn] [동] 개선하다, 개량하다
11. 公平 [gōngpíng] [형] 공평하다, 공정하다
12. 规定 [guīdìng] [명] 규정, 규칙 [동] 규정하다
13. 合格 [hégé] [동ㄷ] 합격하다
14. 合法 [héfǎ] [형] 합법적이다
15. 错误 [cuòwù] [명] 착오, 잘못
16. 道德 [dàodé] [명] 도덕, 윤리 [형] 도덕적이다
17. 道理 [dàolǐ] [명] 도리
18. 改正 [gǎizhèng] [동] 개정하다, 시정하다
19. 综合 [zōnghé] [명] 종합 [동] 종합하다
20. 包括 [bāokuò] [동] 포괄하다, 포함하다

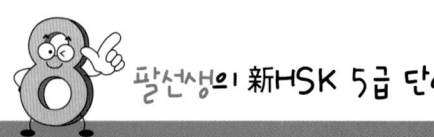

21. 包含 [bāohán] [동] 포함하다, 내포하다
22. 反映 [fǎnyìng] [동] 반사하다, 반영하다, 보고하다
23. 罚款 [fá//kuǎn] [동] 벌금을 부과하다
24. 遵守 [zūnshǒu] [동] 지키다, 준수하다
25. 制度 [zhìdù] [명] 제도
26. 制定 [zhìdìng] [동] 세우다, 제정하다
27. 秩序 [zhìxù] [명] 질서
28. 执行 [zhíxíng] [동] 집행하다

시합 경기와 관련된 어휘

1. 安排 [ānpái] [동] 안배하다, 준비하다
2. 比赛 [bǐsài] [명] 경기, 시합
3. 超过 [chāo//guò] [동] 초과하다, 넘다
4. 奋斗 [fèndòu] [동] 분투하다
5. 激烈 [jīliè] [동] 격렬하다, 치열하다
6. 举行 [jǔxíng] [동] 거행하다
7. 巨大 [jùdà] [동] 거대하다
8. 决赛 [juésài] [명] 결승전
9. 开始 [kāishǐ] [동] 시작하다
10. 排球 [páiqiú] [명] 배구
11. 乒乓球 [pīngpāngqiú] [명] 탁구
12. 射击 [shèjī] [명] 사격
13. 体育 [tǐyù] [명] 체육
14. 网球 [wǎngqiú] [명] 테니스
15. 游泳 [yóuyǒng] [명] 수영 [동] 수영하다
16. 开幕式 [kāimùshì] [명] 개막식

제1과 본문 ❶

张文志: 智慧, 听说你上个周末去听了张教授的演讲, 是吗?
Zhāng Wénzhì: Zhìhuì, tīngshuō nǐ shàngge zhōumò qù tīngle Zhāng jiàoshòu de yǎnjiǎng, shì ma?

李智慧: 是啊, 张教授是中韩文化方面的专家,
Lǐ Zhìhuì: Shì a, Zhāng jiàoshòu shì Zhōng-Hán wénhuà fāngmiàn de zhuānjiā,

为了能够更加了解韩国文化, 我就和朋友们一起去了。
wèile nénggòu gèngjiā liǎojiě Hánguó wénhuà, wǒ jiù hé péngyoumen yìqǐ qù le.

张文志: 你觉得演讲怎么样?
Zhāng Wénzhì: Nǐ juéde yǎnjiǎng zěnmeyàng?

李智慧: 受益匪浅, 以前我只知道韩国与中国的风俗不同,
Lǐ Zhìhuì: Shòu yì fěi qiǎn, yǐqián wǒ zhǐ zhīdao Hánguó yǔ Zhōngguó de fēngsú bùtóng,

不过这次我也发现了一些两个国家的共同点。
búguò zhècì wǒ yě fāxiànle yìxiē liǎng ge guójiā de gòngtóngdiǎn.

张文志: 是吗? 说来听听。
Zhāng Wénzhì: Shìma? Shuō lái tīngting.

李智慧: 比如说, 中国和韩国都受到儒家思想的影响, 注重礼仪。
Lǐ Zhìhuì: Bǐrú shuō, Zhōngguó hé Hánguó dōu shòudào rújiā sīxiǎng de yǐngxiǎng, zhùzhòng lǐyí.

而且都使用相同的历法。
Érqiě dōu shǐyòng xiāngtóng de lìfǎ.

张文志: 没错, 这就是中国和韩国有很多相同节日的原因!
Zhāng Wénzhì: Méicuò, zhè jiù shì Zhōngguó hé Hánguó yǒu hěn duō xiāngtóng jiérì de yuányīn!

李智慧: 但是, 在日常生活方面也有很多的差异。
Lǐ Zhìhuì: Dànshì, zài rìcháng shēnghuó fāngmiàn yě yǒu hěnduō de chāyì.

张文志: 比如说呢?
Zhāng Wénzhì: Bǐrú shuō ne?

李智慧: 比如说韩国人认为白色是纯洁高贵的象征,
Lǐ Zhìhuì: Bǐrú shuō Hánguórén rènwéi báisè shì chúnjié gāoguì de xiàngzhēng,

但是中国人却认为白色与死亡有关, 不太吉利。
dànshì Zhōngguórén què rènwéi báisè yǔ sǐwáng yǒuguān, bútài jílì.

张文志: 嗯, 还真是这样! 看样子你这次的听讲收获不小啊!
Zhāng Wénzhì: Èn, hái zhēnshì zhèyàng! Kàn yàngzi nǐ zhècì de tīngjiǎng shōuhuò bùxiǎo a!

제1과 본문 ❷

作为一个外国人，在与中国人的接触中需要注意一些文化的
Zuòwéi yí ge wàiguórén, zài yǔ Zhōngguórén de jiēchù zhōng xūyào zhùyì yìxiē wénhuà de

差异以及禁忌。比如，在和中国人一起吃饭的时候，
chāyì yǐjí jìnjì. Bǐrú, zài hé Zhōngguórén yìqǐ chīfàn de shíhou,

不能将筷子插在饭碗里，这会被认为是预示死亡。
bù néng jiāng kuàizi chāzài fànwǎn li, zhèhuì bèi rènwéi shì yùshì sǐwáng.

而且，给中国人送礼的时候不能送钟表。因为"送钟"和
Érqiě, gěi Zhōngguórén sònglǐ de shíhou bù néng sòng zhōngbiǎo. Yīnwèi "sòngzhōng" hé

"送终"发音相同。而"送终"的意思是照顾一个快要
"sòngzhōng" fāyīn xiāngtóng. Ér "sòngzhōng" de yìsi shì zhàogu yí ge kuàiyào

去世的人或给去世的人办丧事。
qùshì de rén huò gěi qùshì de rén bàn sāngshì.

有人结婚的时候，大家都会赠送礼金或礼品表示祝贺，
Yǒurén jiéhūn de shíhou, dàjiā dōu huì zèngsòng lǐjīn huò lǐpǐn biǎoshì zhùhè,

但是礼金的数额必须是双数才行。因为中国人认为
dànshì lǐjīn de shù'é bìxū shì shuāngshù cái xíng. Yīnwéi Zhōngguórén rènwéi

单数是关系不和睦的意思。
dānshù shì guānxi bù hémù de yìsi.

但是，在韩国，礼金的数额却得是单数。
Dànshì, zài Hánguó, lǐjīn de shù'é què děi shì dānshù.

另外，给中国新婚夫妇的礼物也不能是雨伞。
Lìngwài, gěi Zhōngguó xīnhūn fūfù de lǐwù yě bùnéng shì yǔsǎn.

因为"伞"和"散"同音。还有，中国人不和家人分吃一个梨，
Yīnwèi "sǎn" hé "sàn" tóngyīn. Háiyǒu, Zhōngguórén bù hé jiārén fēnchī yí ge lí,

因为他们觉得如果和家人"分梨"就代表着"分离"。
yīnwèi tāmen juéde rúguǒ hé jiārén "fēnlí" jiù dàibiǎozhe "fēnlí".

这些都是很不吉利的。
Zhèxiē dōu shì hěn bù jílì de.

제2과 본문 ❶

李智慧: 文志，你最近都在干什么啊？
Lǐ Zhìhuì: Wénzhì, nǐ zuìjìn dōu zài gàn shénme a?

怎么周末也不来找我玩儿啊？
Zěnme zhōumò yě bù lái zhǎo wǒ wánr a?

张文志: 我啊，最近在修身养性!
Zhāng Wénzhì: Wǒ a, zuìjìn zài xiūshēn yǎngxìng!

李智慧: 修身养性？难道你在练习太极拳吗？
Lǐ Zhìhuì: Xiūshēn yǎngxìng? Nándào nǐ zài liànxí tàijíquán ma?

张文志: 哈哈, 其实, 我最近在学习书法!
Zhāng Wénzhì: Hāhā, qíshí, wǒ zuìjìn zài xuéxí shūfǎ!

李智慧: 怎么突然想起来学写毛笔字了？
Lǐ Zhìhuì: Zěnme tūrán xiǎng qǐlai xué xiě máobǐzì le?

张文志: 其实书法不光是一门艺术，而且练书法还是一种养生
Zhāng Wénzhì: Qíshí shūfǎ bùguāng shì yì mén yìshù, érqiě liàn shūfǎ háishì yì zhǒng yǎngshēng

保健的好方法呢!
bǎojiàn de hǎofāngfǎ ne!

李智慧: 这么神奇啊？说来听听。
Lǐ Zhìhuì: Zhème shénqí a? Shuō lái tīngting.

张文志: 因为在学习书法的过程中，可以锻炼手指、手腕
Zhāng Wénzhì: Yīnwèi zài xuéxí shūfǎ de guòchéng zhōng, kěyǐ duànliàn shǒuzhǐ, shǒuwàn

以及手臂的协调性和灵活性, 促进大脑右脑的发育。
yǐjí shǒubì de xiétiáoxìng hé línghuóxìng, cùjìn dànǎo yòunǎo de fāyù.

李智慧: 听起来还挺有道理的嘛。
Lǐ Zhìhuì: Tīng qǐlai hái tǐng yǒu dàolǐ de ma.

张文志: 而且学习书法需要耐心细致，持之以恒。通过学习书法，
Zhāng Wénzhì: Érqiě xuéxí shūfǎ xūyào nàixīn xìzhì, chí zhī yǐ héng. Tōngguò xuéxí shūfǎ,

人们可以养成细致耐心的良好习惯，同时有益于锻炼意志。
rénmen kěyǐ yǎngchéng xìzhì nàixīn de liánghǎo xíguàn, tóngshí yǒuyìyú duànliàn yìzhì.

李智慧: 嗯，让你这么一说，我也想学学书法了!
Lǐ Zhìhuì: Én, ràng nǐ zhème yì shuō, wǒ yě xiǎng xuéxue shūfǎ le!

제2과 본문 ❷

京剧代表着中国的戏曲艺术，所以又被称为"国剧"。
Jīngjù dàibiǎo zhe Zhōngguó de xìqǔ yìshù, suǒyǐ yòu bèi chēngwéi "guójù".

作为中国最具影响力的汉族戏曲剧种之一，京剧至今已有将近
Zuòwéi Zhōngguó zuìjù yǐngxiǎnglì de hànzú xìqǔ jùzhǒng zhī yī, jīngjù zhìjīn yǐ yǒu jiāngjìn

二百年的历史。其实京剧起源于四个地方的剧种：一是流行于
èrbǎi nián de lìshǐ. Qíshí jīngjù qǐyuán yú sì ge dìfang de jùzhǒng: yī shì liúxíng yú

安徽省一带的徽剧；二是流行于湖北的汉剧；三是流行于
Ānhuī Shěng yídài de Huījù; èr shì liúxíng yú Húběi de Hànjù; sān shì liúxíngyú

江苏一带的昆曲；四是流行于陕西的秦剧。在清朝乾隆末期
Jiāngsū yídài de Kūnqǔ; sì shì liúxíng yú Shǎnxī de Qínjù. Zài Qīngcháo Qiánlóng mòqī

这些剧种互相影响，逐渐融合发展成为现在的京剧。京剧的
zhèxiē jùzhǒng hùxiāng yǐngxiǎng, zhújiàn rónghé fāzhǎn chéngwéi xiànzài de jīngjù. Jīngjù de

一大特点是，在人的脸上涂上某种颜色用来象征这个人的
yí dà tèdiǎn shì, zài rén de liǎnshang túshang mǒuzhǒng yánsè yònglái xiàngzhēng zhège rén de

性格特点和角色。简单地说，红脸含有褒义，代表忠勇；
xìnggé tèdiǎn hé juésè. Jiǎndān de shuō, hóngliǎn hányǒu bāoyì, dàibiǎo zhōngyǒng;

黑脸代表勇猛智慧；蓝脸和绿脸代表出身贫穷的英雄；
hēiliǎn dàibiǎo yǒngměng zhìhuì; lánliǎn hé lǜliǎn dàibiǎo chūshēn pínqióng de yīngxióng;

黄脸和白脸含贬义，代表奸诈凶恶；金脸和银脸表示神秘，
huángliǎn hé báiliǎn hán biǎnyì, dàibiǎo jiānzhà xiōng'è; jīnliǎn hé yínliǎn biǎoshì shénmì,

代表神或妖。这种脸谱起源于古时的宗教和舞蹈面具，
dàibiǎo shén huò yāo. Zhèzhǒng liǎnpǔ qǐyuán yú gǔshí de zōngjiào hé wǔdǎo miànjù,

今天许多戏剧中都保留了这种传统。
jīntiān xǔduō xìjù zhōng dōu bǎoliú le zhèzhǒng chuántǒng.

제3과 본문 ①

乐乐: 志勋，你昨天晚上看电视剧《恋曲》了吗？
Lèlè: Zhìxūn, nǐ zuótiān wǎnshang kàn diànshìjù《liànqǔ》le ma?

志勋: 当然看了，最近这部电视剧可是很红的！
Zhìxūn: Dāngrán kàn le, zuìjìn zhè bù diànshìjù kěshì hěn hóng de!

乐乐: 我特别喜欢里面的那个男主角！
Lèlè: Wǒ tèbié xǐhuan lǐmiàn de nàge nánzhǔjué!

志勋: 嗯，不仅长得帅，而且性格还非常好。
Zhìxūn: Èn, bùjǐn zhǎngde shuài, érqiě xìnggé hái fēicháng hǎo.

乐乐: 是啊，最重要的是，他感情专一，
Lèlè: Shì a, zuì zhòngyào de shì, tā gǎnqíng zhuānyī,

从头到尾他都只爱着女主角一个人。
cóng tóu dào wěi tā dōu zhǐ àizhe nǚzhǔjué yí ge rén.

志勋: 看你兴奋的，你希望你的男朋友是个怎样的人啊？
Zhìxūn: Kàn nǐ xìngfèn de, nǐ xīwàng nǐ de nánpéngyou shì ge zěnyàng de rén a?

乐乐: 嗯，我希望他是一个诚实、开朗、有主见的人。
Lèlè: Èn, wǒ xīwàng tā shì yí ge chéngshí、kāilǎng、yǒu zhǔjiàn de rén.

当然最重要的是他得爱我才行！
Dāngrán zuì zhòngyào de shì tā děi ài wǒ cái xíng!

你希望你的女朋友是个怎样的人呢？
Nǐ xīwàng nǐ de nǚpéngyou shì ge zěnyàng de rén ne?

志勋: 我希望我的女朋友是一个人品好、温柔体贴的人。
Zhìxūn: Wǒ xīwàng wǒ de nǚpéngyou shì yí ge rénpǐn hǎo、wēnróu tǐtiē de rén.

乐乐: 你难道不希望自己的女朋友是个美女吗？
Lèlè: Nǐ nándào bù xīwàng zìjǐ de nǚpéngyou shì ge měinǚ ma?

志勋: 当然不是！如果她要是漂亮、大度、有学识、
Zhìxūn: Dāngrán búshì! Rúguǒ tā yàoshì piàoliang、dàdù、yǒu xuéshí、

Vol.6 본문병음

经济条件也好的话,那就更完美啦!
jīngjì tiáojiàn yě hǎo dehuà, nà jiù gèng wánměi la!

乐乐: 哎呀,要是这么说下去的话,那条件简直是无可挑剔了。
Lèlè : Āiya, yàoshì zhème shuō xiàqu dehuà, nà tiáojiàn jiǎnzhí shì wú kě tiāo ti le.

제3과 본문 ❷

中国的婚礼习俗十分繁复，并且各个地方的习俗多少都有些
Zhōngguó de hūnlǐ xísú shífēn fánfù, bìngqiě gègè dìfang de xísú duōshao dōu yǒuxiē

不同。但是有几种是各地都有的。首先，中国人的婚礼中必须
bùtóng. Dànshì yǒu jǐ zhǒng shì gèdì dōu yǒu de. Shǒuxiān, Zhōngguórén de hūnlǐ zhōng bìxū

要有聘礼嫁妆。聘礼是指男方为了表示诚意送给女方的礼品
yào yǒu pìnlǐ jiàzhuang. Pìnlǐ shì zhǐ nánfāng wèile biǎoshì chéngyì sònggěi nǚfāng de lǐpǐn

以及礼金。嫁妆是指女方从娘家带到婆家去的衣被、家具及
yǐjí lǐjīn. Jiàzhuang shì zhǐ nǚfāng cóng niángjiā dàidào pójiā qù de yībèi、jiājù jí

其他日用品。由于中国各地、各民族的风俗习惯不同，
qítā rìyòngpǐn. Yóuyú Zhōngguó gèdì、gè mínzú de fēngsú xíguàn bùtóng,

所送的礼金、嫁妆也会不同。在结婚当天，新娘子会坐着轿子
suǒsòng de lǐjīn、jiàzhuang yě huì bùtóng. Zài jiéhūn dàngtiān, xīnniángzi huì zuòzhe jiàozi

从娘家到婆家。但是现在很多地方已经不使用轿子而是改为
cóng niángjiā dào pójiā. Dànshì xiànzài hěnduō dìfang yǐjīng bù shǐyòng jiàozi érshì gǎiwéi

乘坐轿车了。大部分新娘在结婚的时候都会穿象征喜庆吉祥的
chéngzuò jiàochē le. Dàbùfen xīnniáng zài jiéhūn de shíhou dōu huì chuān xiàngzhēng xǐqìng jíxiáng de

红色服装。虽然现在的年轻人也穿白色的婚纱，但是在举行
hóngsè fúzhuāng. Suīrán xiànzài de niánqīngrén yě chuān báisè de hūnshā, dànshì zài jǔxíng

婚宴的时候也一定会换上红色的礼服。婚宴结束后就是
hūnyàn de shíhou yě yídìng huì huànshang hóngsè de lǐfú. Hūnyàn jiéshù hòu jiù shì

"闹洞房"了。一般是由新郎和新娘的朋友们想出各种办法来
"nào dòngfáng" le. Yìbān shì yóu xīnláng hé xīnniáng de péngyoumen xiǎngchū gèzhǒng bànfǎ lái

故意捉弄新婚夫妇。但是因为"闹洞房"的意思是越闹越喜庆，
gùyì zhuōnòng xīnhūn fūfù. Dànshì yīnwèi "nào dòngfáng" de yìsi shì yuè nào yuè xǐqìng,

所以主人也不会生气，场面十分有趣。
suǒyǐ zhǔrén yě búhuì shēngqì, chǎngmiàn shífēn yǒuqù.

제4과 본문 ❶

明伟: 乐乐，你听说了吗？
Míngwěi: Lèlè, nǐ tīngshuō le ma?

IBM公司要来咱们学校开招聘说明会了。
IBM gōngsī yào lái zánmen xuéxiào kāi zhāopìn shuōmínghuì le.

乐乐: 是吗? 什么时候啊?
Lèlè: Shìma? Shénme shíhou a?

明伟: 好像是这个星期三下午两点，在1号教学楼的阶梯教室。
Míngwěi: Hǎoxiàng shì zhège xīngqīsān xiàwǔ liǎng diǎn, zài yī hào jiàoxuélóu de jiētī jiàoshì.

乐乐: 听说最近毕业就意味着失业，
Lèlè: Tīngshuō zuìjìn bìyè jiù yìwèizhe shīyè,

如果我们将来能顺利地就业就好了。
rúguǒ wǒmen jiānglái néng shùnlì de jiùyè jiù hǎo le.

明伟: 是啊，现在找工作比以前难多了。你以后想做什么工作?
Míngwěi: Shì a, xiànzài zhǎo gōngzuò bǐ yǐqián nán duō le. Nǐ yǐhòu xiǎng zuò shénme gōngzuò?

乐乐: 其实我小时候的理想是当一名医生，
Lèlè: Qíshí wǒ xiǎoshíhou de lǐxiǎng shì dāng yì míng yīshēng,

我觉得医生能帮助病人解除痛苦，十分伟大。
wǒ juéde yīshēng néng bāngzhù bìngrén jiěchú tòngkǔ, shífēn wěidà.

明伟: 那你现在怎么学了文科啊？
Míngwěi: Nà nǐ xiànzài zěnme xué le wénkē a?

乐乐: 别提了，我的化学成绩不太好，所以就学了文科。
Lèlè: Bié tí le, wǒ de huàxué chéngjì bú tài hǎo, suǒyǐ jiù xué le wénkē.

现在我的理想职业是做一名老师。
Xiànzài wǒ de lǐxiǎng zhíyè shì zuò yì míng lǎoshī.

明伟: 当老师确实挺不错的，
Míngwěi: Dāng lǎoshī quèshí tǐng búcuò de,

不仅能把自己掌握的知识传授给学生，
bùjǐn néng bǎ zìjǐ zhǎngwò de zhīshi chuánshòu gěi xuéshēng,

每年还有两个长假期呢!
měinián háiyǒu liǎng ge cháng jiàqī ne!

乐乐: 不过这还只是我的理想而已。
Lèlè: Búguò zhè hái zhǐ shì wǒ de lǐxiǎng éryǐ.

要想实现这个理想,我还得加把劲儿呢!
Yào xiǎng shíxiàn zhège lǐxiǎng, wǒ hái děi jiā bǎ jìnr ne!

明伟: 没错,加油!"世上无难事,只怕有心人!"
Míngwěi: Méi cuò, jiāyóu! "shì shàng wú nán shì, zhǐ pà yǒu xīn rén!"

제4과 본문 ❷

每一个企业都有自己独特的风格，不同的工作环境形成
Měi yí ge qǐyè dōu yǒu zìjǐ dútè de fēnggé, bùtóng de gōngzuò huánjìng xíngchéng

不同的职场文化。欧美企业重视员工的个性，所以管理风格
bùtóng de zhíchǎng wénhuà. Ōu Měi qǐyè zhòngshì yuángōng de gèxìng, suǒyǐ guǎnlǐ fēnggé

比较轻松、人性化；日本、韩国企业等级制度分明，人人都
bǐjiào qīngsōng、rénxìnghuà; Rìběn、Hánguó qǐyè děngjí zhìdù fēnmíng, rénrén dōu

谦逊礼貌；而中国的职场文化就显得很独特，看起来没有什么
qiānxùn lǐmào; ér Zhōngguó de zhíchǎng wénhuà jiù xiǎnde hěn dútè, kàn qǐlai méiyou shénme

特别的规定，但其实里面也有着一些基本礼仪。如果你和领导
tèbié de guīdìng, dàn qíshí lǐmiàn yě yǒuzhe yìxiē jīběn lǐyí. Rúguǒ nǐ hé lǐngdǎo

两个人在一起的时候，那么你应该走在领导的后边或者左边。
liǎngge rén zài yìqǐ de shíhou, nàme nǐ yīnggāi zǒu zài lǐngdǎo de hòubiān huòzhě zuǒbiān.

如果你是一位女性，那么你的穿着和打扮不能太漂亮，
Rúguǒ nǐ shì yíwèi nǚxìng, nàme nǐ de chuānzhuó hé dǎbàn bù néng tài piàoliang,

超过领导。在外应酬时，要等客人在主座坐好后，你才能坐下。
chāoguò lǐngdǎo. Zài wài yìngchou shí, yào děng kèrén zài zhǔzuò zuòhǎo hòu, nǐ cáinéng zuòxia.

吃饭的时候，如果饭桌上有鱼，应该将鱼头朝向客人摆放，
Chīfàn de shíhou, rúguǒ fànzhuō shàng yǒu yú, yīnggāi jiāng yútóu cháoxiàng kèrén bǎifàng,

表示尊重。不过，在大部分情况下，中国的职场文化是比较
biǎoshì zūnzhòng. Búguò, zài dà bùfen qíngkuàng xià, Zhōngguó de zhíchǎng wénhuà shì bǐjiào

轻松的。属下甚至可以在领导面前抽烟，和领导开开小玩笑。
qīngsōng de. Shǔxià shènzhì kěyǐ zài lǐngdǎo miànqián chōuyān, hé lǐngdǎo kāikai xiǎo wánxiào.

제5과 본문 ①

小金: Xiǎo Jīn :	智慧，你知道世界三大无酒精饮料是什么吗？ Zhìhuì, nǐ zhīdào shìjiè sān dà wú jiǔjīng yǐnliào shì shénme ma?
李智慧: Lǐ Zhìhuì :	当然知道啦，是咖啡、可可和茶嘛。 Dāngrán zhīdào la, shì kāfēi、kěkě hé chá ma.
小金: Xiǎo Jīn :	没错，那你对茶有什么了解呢？ Méi cuò, nà nǐ duì chá yǒu shénme liǎojiě ne?
李智慧: Lǐ Zhìhuì :	这个我还真不太懂。中国人那么喜欢喝茶， Zhège wǒ hái zhēn bú tài dǒng. Zhōngguórén nàme xǐhuān hē chá, 要不你给我介绍介绍吧。 yàobù nǐ gěi wǒ jièshao jièshao ba.
小金: Xiǎo Jīn :	我也是最近才开始了解茶的。 Wǒ yě shì zuìjìn cái kāishǐ liǎojiě chá de. 现在大部分年轻人都更喜欢喝咖啡。 Xiànzài dàbùfen niánqīngrén dōu gèng xǐhuan hē kāfēi.
李智慧: Lǐ Zhìhuì :	是啊，我也觉得茶叶的味道很苦。不是特别喜欢。 Shì a, wǒ yě juéde cháyè de wèidao hěn kǔ. Búshì tèbié xǐhuan.
小金: Xiǎo Jīn :	其实，茶叶不仅可以作为一种饮料，而且有很大的 Qíshí, cháyè bùjǐn kěyǐ zuòwéi yì zhǒng yǐnliào, érqiě yǒu hěn dà de 药用价值呢。 yàoyòng jiàzhí ne.
李智慧: Lǐ Zhìhuì :	是吗？茶叶都有哪些功效啊？ Shì ma? Cháyè dōu yǒu nǎxiē gōngxiào a?
小金: Xiǎo Jīn :	茶叶中的生物碱可以促进新陈代谢，帮助消化，对油脂 Cháyè zhōng de shēngwùjiǎn kěyǐ cùjìn xīnchén dàixiè, bāngzhù xiāohuà, duì yóuzhī 有分解作用。还含有多种维生素以及微量元素呢。 yǒu fēnjiě zuòyòng. Hái hányǒu duō zhǒng wéishēngsù yǐjí wēiliàng yuánsù ne.
李智慧: Lǐ Zhìhuì :	哦，怪不得中国人特别喜欢喝茶。 Ò, guàibude Zhōngguórén tèbié xǐhuan hē chá.

小 金: 没错, 喝茶还可以消除疲劳, 让人精神振作。
Xiǎo Jīn : Méi cuò, hē chá hái kěyǐ xiāochú píláo, ràng rén jīngshén zhènzuò.

李智慧: 这一点和咖啡很相似, 所以大家都说不能在
Lǐ Zhìhuì : Zhè yìdiǎn hé kāfēi hěn xiāngsì, suǒyǐ dàjiā dōu shuō bù néng zài

睡前喝茶啊。
shuìqián hē chá a.

제5과 본문 ❷

中国人常常说"开门七件事，柴米油盐酱醋茶"。从这句
Zhōngguórén chángcháng shuō "kāi mén qī jiàn shì, chái mǐ yóu yán jiàng cù chá". Cóng zhè jù

俗语当中，我们就可以知道，茶在中国人的日常生活中
súyǔ dāng zhōng, wǒmen jiù kěyǐ zhīdao, chá zài Zhōngguórén de rìcháng shēnghuó zhōng

占有多么重要地位。中国人喝茶的历史十分悠久。
zhànyǒu duōme zhòngyào dìwèi. Zhōngguórén hēchá de lìshǐ shífēn yōujiǔ.

但是最初，茶是作为食物和药材使用的。到后来才渐渐
Dànshì zuìchū, chá shì zuòwéi shíwù hé yàocái shǐyòng de. Dào hòulái cái jiànjiàn

成为一种饮料。茶不仅有强身保健的功效，而且也可以
chéngwéi yì zhǒng yǐnliào. Chá bùjǐn yǒu qiángshēn bǎojiàn de gōngxiào, érqiě yě kěyǐ

发展为一门艺术，来陶冶情操。如果你去一位中国人家里
fāzhǎn wéi yì mén yìshù, lái táoyě qíngcāo. Rúguǒ nǐ qù yí wèi Zhōngguórén jiā li

做客，他一定会先端上来一杯热茶招待你。在客人和主人
zuòkè, tā yídìng huì xiān duān shànglai yì bēi rèchá zhāodài nǐ. Zài kèrén hé zhǔrén

交谈的时候，主人会给客人的茶杯中添水，表示关心。
jiāotán de shíhòu, zhǔrén huì gěi kèrén de chábēi zhōng tiānshuǐ, biǎoshì guānxīn.

不过要是天色已晚，主人还要给你的茶杯中添水，
Búguò yàoshì tiānsè yǐwǎn, zhǔrén hái yào gěi nǐ de chábēi zhōng tiānshuǐ,

让你喝茶的话，你就应该赶快告辞了。这是中国的一种
ràng nǐ hēchá dehuà, nǐ jiù yīnggāi gǎnkuài gàocí le. Zhè shì Zhōngguó de yì zhǒng

约定俗成的惯例，叫做"端茶送客"。除了饮用，在很多种
yuēdìng súchéng de guànlì, jiàozuò "duān chá sòng kè". Chúle yǐnyòng, zài hěn duō zhǒng

食品中也使用茶叶调味。比如说茶叶蛋、茶叶面条等等。
shípǐn zhōng yě shǐyòng cháyè tiáowèi. Bǐrú shuō cháyèdàn、cháyè miàntiáo děng děng.

这些食品不仅口味独特，而且对人体健康十分有益。
Zhèxiē shípǐn bùjǐn kǒuwèi dútè, érqiě duì réntǐ jiànkāng shífēn yǒuyì.

제6과 본문 ❶

李部长: 豪镇，今天是你第一天上班。我先带你熟悉熟悉
Lǐ bùzhǎng　Háozhèn, jīntiān shì nǐ dì yī tiān shàngbān. Wǒ xiān dài nǐ shúxi shúxi

公司环境吧。
gōngsī huánjìng ba.

豪镇: 那就太谢谢您啦，李部长。
Háo zhèn　Nà jiù tài xièxie nín la, Lǐ bùzhǎng.

李部长: 别客气，从今天起咱们就是同事了，以后还得相互
Lǐ bùzhǎng　bié kèqi, cóng jīntiān qǐ zánmen jiù shì tóngshì le, yǐhòu hái děi xiānghù

多关照呢。
duō guānzhào ne.

豪镇: 我什么都不懂，还请你多帮帮我。对了，咱们部门
Háo zhèn　Wǒ shénme dōu bù dǒng, hái qǐng nǐ duō bāngbang wǒ. Duì le, zánmen bùmén

都有哪些人啊？
dōu yǒu nǎxiē rén a?

李部长: 咱们海外事业部加上你一共有5个人，除了我以外，
Lǐ bùzhǎng　Zánmen hǎiwài shìyèbù jiāshang nǐ yígòng yǒu wǔ ge rén, chúle wǒ yǐwài,

还有张平、王童和林小雪。
háiyǒu Zhāng Píng、Wáng Tóng hé Lín Xiǎoxuě.

豪镇: 一下子有了这么多新同事，还真是挺新鲜的。
Háo zhèn　Yíxiàzi yǒu le zhème duō xīn tóngshì, hái zhēn shì tǐng xīnxian de.

不过也有点担心，不知道大家欢不欢迎我。
Búguò yě yǒu diǎn dānxīn, bù zhīdao dàjiā huān bu huānyíng wǒ.

李部长: 嗨，你就别担心了。咱们部门的同事性格都很好，
Lǐ bùzhǎng　Hēi, nǐ jiù bié dānxīn le. Zánmen bùmén de tóngshì xìnggé dōu hěn hǎo,

关系特别融洽。他们也都很期待你来呢。
guānxi tèbié róngqià. Tāmen yě dōu hěn qīdài nǐ lái ne.

豪镇: 我这个人有点儿内向，希望能和大家快点熟悉起来。
Háo zhèn　Wǒ zhège rén yǒu diǎnr nèixiàng, xīwàng néng hé dàjiā kuài diǎn shúxi qǐlai .

李部长: 嗯,张平、王童还有林小雪的性格都属于外向型,
Lǐ bùzhǎng: Èn, Zhāng Píng、Wáng tóng háiyǒu Lín Xiǎoxuě de xìnggé dōu shǔyú wàixiàngxíng,

算是"自来熟"吧。不过张平和王童性子比较急,
suànshì "zì lái shú" ba. Búguò Zhāng Píng hé Wáng Tóng xìngzi bǐjiào jí,

做什么都希望快一些。而小雪是个慢性子,
zuò shénme dōu xīwàng kuài yìxiē. Ér Xiǎoxuě shì ge mànxìngzi,

工作起来慢条斯理的,经常让张平和王童着急。
gōngzuò qǐlai màntiáo sīlǐ de, jīngcháng ràng Zhāng Píng hé Wáng Tóng zháojí.

豪镇: 我看,慢性子和急性子还真是各有各的长处呢。
Háo zhèn: Wǒ kàn, mànxìngzi hé jíxìngzi hái zhēn shì gè yǒu gè de chángchu ne.

李部长: 没错,我们要取长补短嘛。
Lǐ bùzhǎng: Méi cuò, wǒmen yào qǔ cháng bǔ duǎn ma.

豪镇: 说了这么多,还没说说您自己的性格怎么样呢。
Háo zhèn: Shuōle zhème duō, hái méi shuōshuo nín zìjǐ de xìnggé zěnmeyàng ne.

제6과 본문 ❷

王府井步行街是具有数百年悠久历史的著名商业区,
Wángfǔjǐng Bùxíngjiē shì jùyǒu shù bǎinián yōujiǔ lìshǐ de zhùmíng shāngyèqū,

在北京享有金街的美誉, 客流量大约有每天60万人,
zài Běijīng xiǎngyǒu jīnjiē de měiyù, kèliúliàng dàyuē yǒu měitiān liùshí wàn rén,

节假日超过120万人。它位于北京市中心的东长安街北侧,
jiéjiàrì chāoguò yìbǎi èrshí wàn rén. Tā wèiyú Běijīng shì zhōngxīn de Dōng Cháng'ān jiē běicè,

最早形成于元代, 距今已经有700多年了。
zuì zǎo xíngchéng yú Yuándài, jùjīn yǐjīng yǒu qībǎi duō nián le.

在清代, 这条大街上共建有八座王府和公主府, 后来又打出了
Zài Qīngdài, zhè tiáo dàjiē shang gòng jiàn yǒu bā zuò wángfǔ hé gōngzhǔfǔ, hòulái yòu dǎchū le

一口供王府饮用的水井, 所以这条大街被称为王府井。
yì kǒu gòng wángfǔ yǐnyòng de shuǐjǐng, suǒyǐ zhè tiáo dàjiē bèi chēngwéi Wángfǔjǐng.

在这条大街上有经营古玩字画、丝绸成衣、鞋帽、瓷器、
Zài zhètiáo dàjiē shang yǒu jīngyíng gǔwán zìhuà、sīchóu chéngyī、xiémào、cíqì、

家具、旧书、中西餐馆、小吃店等各种吃、穿、用的店铺。
jiājù、jiùshū、Zhōngxī cānguǎn、xiǎochīdiàn děng gèzhǒng chī、chuān、yòng de diànpù.

其中一些商品十分有名。比如瑞蚨祥的丝绸、王麻子的剪刀、
Qízhōng yìxiē shāngpǐn shífēn yǒumíng. Bǐrú Ruìfúxiáng de sīchóu、Wángmázi de jiǎndāo、

全聚德的烤鸭、六必居的酱菜, 还有天福号的酱肉等等。
Quánjùdé de kǎoyā、Liùbìjū de jiàngcài, hái yǒu Tiānfú hào de jiàngròu děng děng.

这些特产都已经成为外地朋友, 甚至外国朋友们来北京
Zhèxiē tèchǎn dōu yǐjīng chéngwéi wàidì péngyǒu, shènzhì wàiguó péngyǒumen lái Běijīng

首选的礼品。现在, 王府井大街已经成为外国朋友
shǒuxuǎn de lǐpǐn. Xiànzài, Wángfǔjǐng dà jiē yǐjīng chéngwéi wàiguó péngyǒu

了解中国的一扇窗口了。
liǎojiě Zhōngguó de yí shàn chuāngkǒu le.

제7과 본문 ❶

志勋: 文思，你最近在忙什么呢？
Zhìxūn: Wénsī, nǐ zuìjìn zài máng shénme ne?

文思: 没什么特别的事儿，准备写报告呢。你呢？
Wénsī: Méi shénme tèbié de shìr, zhǔnbèi xiě bàogào ne. Nǐ ne?

志勋: 我最近觉得很郁闷，每天做什么都提不起兴趣，
Zhìxūn: Wǒ zuìjìn juéde hěn yùmèn, měitiān zuò shénme dōu tíbuqǐ xìngqù,

注意力也不容易集中，有时还会莫名其妙地烦躁。
zhùyìlì yě bù róngyì jízhōng, yǒushí hái huì mò míng qí miào de fánzào.

文思: 哦，我知道了。你这几种都是心理亚健康的症状。
Wénsī: Ò, wǒ zhīdao le. Nǐ zhè jǐ zhǒng dōu shì xīnlǐ yàjiànkāng de zhèngzhuàng.

志勋: 心理亚健康？这是什么病？
Zhìxūn: Xīnlǐ yàjiànkāng? Zhè shì shénme bìng?

文思: 这不算是病，但它是一种健康与疾病的过渡状态。
Wénsī: Zhè bú suànshì bìng, dàn tā shì yì zhǒng jiànkāng yǔ jíbìng de guòdù zhuàngtài.

一直持续下去的话，也会危害你的身心健康。
Yìzhí chíxù xiàqu dehuà, yě huì wēihài nǐ de shēnxīn jiànkāng.

志勋: 那你有什么好办法能够改善这种情况吗？
Zhìxūn: Nà nǐ yǒu shénme hǎo bànfǎ nénggòu gǎishàn zhè zhǒng qíngkuàng ma?

文思: 我劝你不要总坐在电脑前。背上背包，去旅行一次吧。
Wénsī: Wǒ quàn nǐ bú yào zǒng zuòzài diànnǎo qián. Bēishang bēibāo, qù lǚxíng yí cì ba.

看看山水，心情自然就好了。
Kànkan shānshuǐ, xīnqíng zìrán jiùhǎo le.

志勋: 这是个好办法。我去轻松一下。
Zhìxūn: Zhè shì ge hǎo bànfǎ. Wǒ qù qīngsōng yíxia.

文思: 总之，注意发现生活中的小快乐，
Wénsī: Zǒngzhī, zhùyì fāxiàn shēnghuó zhōng de xiǎo kuàilè,

让自己心情保持愉快最重要。
ràng zìjǐ xīnqíng bǎochí yúkuài zuì zhòngyào.

제7과 본문 ❷

在中国生活过的外国人经常对一件事感到很困惑。
Zài Zhōngguó shēnghuó guò de wàiguórén jīngcháng duì yí jiàn shì gǎndào hěn kùnhuò.

那就是中国人对时间的观念十宽松。即使公交车经常
Nà jiù shì Zhōngguó rén duì shíjiān de guānniàn shífēn kuānsōng. Jíshǐ gōngjiāochē jīngcháng

不能按照时间表准时到站,竟然也没有人因此生气。
bù néng ànzhào shíjiānbiǎo zhǔnshí dàozhàn, jìngrán yě méiyou rén yīncǐ shēngqì.

中国人对时间真这么不在乎吗? 其实这也许是由于中国的
Zhōngguó rén duì shíjiān zhēn zhème bú zàihu ma? Qíshí zhè yěxǔ shì yóuyú Zhōngguó de

文化氛围和地理自然条件,才养成了中国人不急不慢的性格。
wénhuà fēnwéi hé dìlǐ zìrán tiáojiàn, cái yǎngchéng le Zhōngguó rén bù jí bú màn de xìnggé.

中西方时间概念的差异是中西文化中的一个突出表现。
Zhōngxīfāng shíjiān gàiniàn de chāyì shì zhōngxī wénhuà zhōng de yí ge tūchū biǎoxiàn.

在西方,人们对时间的观念很精确。但是中国人对时间的
Zài xīfāng, rénmen duì shíjiān de guānniàn hěn jīngquè. Dànshì Zhōngguó rén duì shíjiān de

观念比较模糊。在日常生活中处处可见此类差异,比如,
guānniàn bǐjiào móhu. Zài rìcháng shēnghuó zhōng chùchù kějiàn cǐlèi chāyì, bǐrú,

中国人在拜访朋友或是赶赴约会的时候,有些时候
Zhōngguó rén zài bàifǎng péngyou huò shì gǎnfù yuēhuì de shíhou, yǒuxiē shíhou

并不是将见面的时间固定在几点几分。而是约定在上午、
bìng bú shì jiāng jiànmiàn de shíjiān gùdìng zài jǐ diǎn jǐ fēn. Érshì yuēdìng zài shàngwǔ、

下午之类的时间段。有的时候中国人和你说"马上到",
xiàwǔ zhīlèi de shíjiānduàn. Yǒu de shíhou Zhōngguó rén hé nǐ shuō "mǎshàng dào",

其实并不是说他很快就到,而是说"过一段时间"的意思。
qíshí bìng bú shì shuō tā hěn kuài jiù dào, érshì shuō "guò yíduàn shíjiān" de yìsi.

至于这个"一段时间"是多长,那可就是因人而异了。
Zhìyú zhège "yíduàn shíjiān" shì duō cháng, nà kě jiù shì yīn rén ér yì le.

제8과 본문 ❶

乐乐: 志勋、小李，快请进！
Lèlè: Zhìxūn、Xiǎo Lǐ, kuài qǐng jìn!

志勋: 乐乐，祝贺你乔迁新居！
Zhìxūn: Lèlè, zhùhè nǐ qiáoqiān xīnjū!

乐乐: 谢谢，哎呀，你们来就行了，还拿什么东西啊!
Lèlè: Xièxie, āiya, nǐmen lái jiù xíng le, hái ná shénme dōngxi a!

志勋: 也不知道你喜欢什么，送你一盆吊兰，听说它
Zhìxūn: Yě bù zhīdao nǐ xǐhuan shénme, sòng nǐ yì pén diàolán, tīngshuō tā

能够吸收空气中残留的装修有害物质。
nénggòu xīshōu kōngqì zhōng cánliú de zhuāngxiū yǒuhài wùzhì.

乐乐: 是吗，那可真是既美观又实用啊！太谢谢你们啦。
Lèlè: Shì ma, nà kě zhēnshì jì měiguān yòu shíyòng a! Tài xièxie nǐmen la.

快请坐，我给你们倒茶去。
Kuài qǐngzuò, wǒ gěi nǐmen dàochá qù.

志勋: 乐乐，你家可真漂亮啊。房间格局不错，
Zhìxūn: Lèlè, nǐ jiā kě zhēn piàoliang a. Fángjiān géjú búcuò,

采光也很好。
cǎiguāng yě hěn hǎo.

乐乐: 我也是看了好几套房子才决定搬到这儿来的，
Lèlè: Wǒ yě shì kàn le hǎo jǐ tào fángzi cái juédìng bāndào zhèr lái de,

就是看上了它的采光比较好。
jiù shì kànshang le tā de cǎiguāng bǐjiào hǎo.

志勋: 乐乐，你就别忙了，我们坐坐就走。
Zhìxūn: Lèlè, nǐ jiù bié máng le, wǒmen zuòzuo jiù zǒu.

乐乐: 那怎么行。今天你们来给我温居，
Lèlè: Nà zěnme xíng. Jīntiān nǐmen lái gěi wǒ wēnjū,

一定要在我家吃了饭再走。
yídìng yào zài wǒ jiā chī le fàn zài zǒu.

志勋: 那怎么好意思，太麻烦你了。
Zhìxūn: Nà zěnme hǎo yìsi, tài máfan nǐ le.

乐乐：　不麻烦不麻烦，我自己做的家常菜，
Lèlè : 　Bù máfan bù máfan, wǒ zìjǐ zuò de jiāchángcài,

你们不嫌弃就行。先喝点茶，马上就能开饭了。
nǐmen bù xiánqì jiù xíng. Xiān hē diǎn chá, mǎshàng jiù néng kāifàn le.

志勋：　那我们就不客气啦！
Zhìxūn : 　Nà wǒmen jiù bú kèqi la!

제8과 본문 ❷

今天我给大家介绍一道家常菜——西红柿炒鸡蛋。
Jīntiān wǒ gěi dàjiā jièshao yí dào jiāchángcài —— xīhóngshì chǎo jīdàn.

这道菜简单易学，几乎所有的中国人都会做，而且它的口感
Zhè dào cài jiǎndān yìxué, jīhū suǒyǒu de Zhōngguó rén dōu huì zuò, érqiě tā de kǒugǎn

有一点点酸甜，很多外国人也比较喜欢这道菜。首先我们
yǒu yìdiǎndiǎn suāntián, hěn duō wàiguórén yě bǐjiào xǐhuan zhè dào cài. Shǒuxiān wǒmen

准备的材料有：西红柿2个、鸡蛋3个，配料有葱、盐和
zhǔnbèi de cáiliào yǒu: xīhóngshì liǎng ge、jīdàn sān ge, pèiliào yǒu cōng、yán hé

鸡精。先用开水烫一下西红柿，这样呢西红柿的皮很容易
jījīng. Xiān yòng kāishuǐ tàng yíxià xīhóngshì, zhèyàng ne xīhóngshì de pí hěn róngyì

就可以剥掉。将它切成块儿后备用。然后把鸡蛋打匀，
jiù kěyǐ bōdiào. Jiāng tā qiēchéng kuàir hòu bèiyòng. Ránhòu bǎ jīdàn dǎyún,

加一点儿盐，倒入热油锅，用铲子不停地翻炒鸡蛋，
jiā yìdiǎnr yán, dàorù rèyóuguō, yòng chǎnzi bùtíng de fānchǎo jīdàn,

直到鸡蛋凝固成块儿。炒的时间不要太长，这样炒熟的
zhídào jīdàn nínggùchéng kuàir. Chǎo de shíjiān búyào tài cháng, zhèyàng chǎoshú de

鸡蛋吃起来口感才会十分软嫩。然后，把炒熟的鸡蛋
jīdàn chī qǐlai kǒugǎn cái huì shífēn ruǎnnèn. Ránhòu, bǎ chǎoshú de jīdàn

倒出来，重新在锅里倒上一点儿油，等油温有六七成的
dào chūlai, chóngxīn zài guōli dàoshang yìdiǎnr yóu, děng yóuwēn yǒu liù qī chéng de

时候，把提前准备好的葱末儿和西红柿块儿一起倒进锅里，
shíhou, bǎ tíqián zhǔnbèihǎo de cōngmòr hé xīhóngshì kuàir yìqǐ dàojìn guō li,

等到西红柿完全炒熟时，加一点盐和鸡精，再把刚才
děngdào xīhóngshì wánquán chǎoshú shí, jiā yìdiǎn yán hé jījīng, zài bǎ gāngcái

提前炒好的鸡蛋到入锅中拌匀，这道菜就完成啦！
tíqián chǎohǎo de jīdàn dàorù guō zhōng bànyún, zhè dào cài jiù wánchéng la!

怎么样，很简单吧？今天回家就试试做这道菜吧。
Zěnmeyàng, hěn jiǎndān ba? Jīntiān huí jiā jiù shìshi zuò zhè dào cài ba.

제9과 본문 ❶

志勋: 乐乐，你怎么愁眉苦脸的啊？出什么事儿了？
Zhìxūn: Lèlè, nǐ zěnme chóuméi kǔliǎn de a? Chū shénme shìr le?

乐乐: 别提了，我长胖了3公斤。
Lèlè: Bié tí le, wǒ zhǎng pàng le sān gōngjīn.

志勋: 嗨，我以为出了什么大事儿呢。你长胖了吗？
Zhìxūn: Hēi, wǒ yǐwéi chūle shénme dàshìr ne. Nǐ zhǎng pàng le ma?

没看出来啊？
Méi kàn chūlai a?

乐乐: 这还不是大事儿啊，我早上穿牛仔裤的时候，
Lèlè: Zhè hái bú shì dàshìr a, wǒ zǎoshang chuān niúzǎikù de shíhou,

扣子都快扣不上了！
kòuzi dōu kuài kòubushàng le!

志勋: 这么严重啊。那你试试减肥怎么样？
Zhìxūn: Zhème yánzhòng a. Nà nǐ shìshi jiǎnféi zěnmeyàng?

乐乐: 马上就要到夏天了，我也想变得苗条一些。
Lèlè: Mǎshàng jiù yào dào xiàtiān le, wǒ yě xiǎng biànde miáotiao yìxiē.

但不知道怎么减。
Dàn bù zhīdao zěnme jiǎn.

志勋: 我听说减肥要运动和食疗相结合。坚持去健身中心，
Zhìxūn: Wǒ tīngshuō jiǎnféi yào yùndòng hé shíliáo xiāng jiéhé. Jiānchí qù jiànshēn zhōngxīn,

吃低卡路里的食物才行。
chī dī kǎlùlǐ de shíwù cái xíng.

乐乐: 可是我特别不喜欢运动，有没有不运动也有效的
Lèlè: Kěshì wǒ tèbié bù xǐhuan yùndòng, yǒu méiyou bú yùndòng yě yǒuxiào de

减肥方法啊？
jiǎnféi fāngfǎ a?

志勋: 有倒是有，吃减肥药啦、中医针灸减肥啦，
Zhìxūn: Yǒu dàoshì yǒu, chī jiǎnféiyào la, zhōngyī zhēnjiǔ jiǎnféi la,

但是我觉得这些方法都不太健康。
dànshì wǒ juéde zhèxiē fāngfǎ dōu bú tài jiànkāng.

乐乐: 嗯，我也怕这些方法有副作用，或者将来会出现
Lèlè: Èn, wǒ yě pà zhèxiē fāngfǎ yǒu fùzuòyòng, huòzhě jiānglái huì chūxiàn

反弹。
fǎntán.

志勋: 对了，还有个办法，做做减肥瑜伽应该不错。不过，
Zhìxūn: Duìle, hái yǒu ge bànfǎ, zuòzuo jiǎnféi yújiá yīnggāi búcuò. Búguò,

不管是 用哪种方法，都需要你持之以恒才行啊。
bùguǎn shì yòng nǎzhǒng fāngfǎ, dōu xūyào nǐ chí zhī yǐ héng cái xíng a.

제9과 본문 ❷

每天工作10多个小时、一周工作六七天，饮食不规律、
Měitiān gōngzuò shí duō ge xiǎoshí、yì zhōu gōngzuò liù qī tiān, yǐnshí bù guīlǜ、

睡眠质量也不高，这就是最近办公室白领一族的工作和
shuìmián zhìliàng yě bù gāo, zhè jiù shì zuìjìn bàngōngshì báilǐng yìzú de gōngzuò hé

生活状态。这种生活严重破坏了他们的健康状况。
shēnghuó zhuàngtài. Zhè zhǒng shēnghuó yánzhòng pòhuài le tāmen de jiànkāng zhuàngkuàng.

长时间办公，人体会出现诸多不适，有人将其统称为
Cháng shíjiān bàngōng, réntǐ huì chūxiàn zhūduō búshì, yǒu rén jiāng qí tǒngchēng wéi

"办公室综合症"。具体包括：头晕、头痛、倦怠、
"bàngōngshì zōnghézhèng". Jùtǐ bāokuò: tóuyūn、tóutòng、juàndài、

胸闷等症状。当出现这种情况时，该如何进行保健，
xiōngmèn děng zhèngzhuàng. Dāng chūxiàn zhè zhǒng qíngkuàng shí, gāi rúhé jìnxíng bǎojiàn,

越来越受到年轻上班族的重视。
yuèláiyuè shòudào niánqīng shàngbānzú de zhòngshì.

总体来说，首先应该加强体育锻炼，运动能使人心情舒畅，
Zǒngtǐ láishuō, shǒuxiān yīnggāi jiāqiáng tǐyù duànliàn, yùndòng néng shǐ rén xīnqíng shūchàng,

有利于消除不良情绪。每天坚持30~40分钟的有氧运动，
yǒulìyú xiāochú bùliáng qíngxù. Měitiān jiānchí sānshí zhì sìshí fēnzhōng de yǒuyǎng yùndòng,

如快步走、慢跑、游泳、太极拳等。最简单的方法还有
rú kuàibùzǒu、mànpǎo、yóuyǒng、tàijíquán děng. Zuì jiǎndān de fāngfǎ hái yǒu

少乘电梯，多走楼梯。爬楼梯对心血管有益，还可以改善
shǎo chéng diàntī, duō zǒu lóutī. Pá lóutī duì xīnxuèguǎn yǒuyì, hái kěyǐ gǎishàn

你的腿部肌肉。还要有规律的生活，每天保证8小时睡眠，
nǐ de tuǐbù jīròu. Hái yào yǒu guīlǜ de shēnghuó, měitiān bǎozhèng bā xiǎoshí shuìmián,

营养要均衡，充足，特别是要有足够的 蛋白质和维生素，
yíngyǎng yào jūnhéng, chōngzú, tèbié shì yào yǒu zúgòu de dànbáizhì hé wéishēngsù,

要多吃新鲜蔬菜与水果。最后办公室及家庭要自然通风，
yào duō chī xīnxiān shūcài yǔ shuǐguǒ. Zuìhòu bàngōngshì jí jiātíng yào zìrán tōngfēng,

Vol.6 본문병음

尽量少用电脑、手机、微波炉等。做到这些，你的身体就会
jǐnliàng shǎo yòng diànnǎo、shǒujī、wēibōlú děng. Zuò dào zhèxiē, nǐ de shēntǐ jiù huì

一天比一天健康啦!
yìtiān bǐ yìtiān jiànkāng la!

제10과 본문 ❶

小金: 你好，请问是白雪电冰箱售后服务中心吗？
Xiǎo Jīn: Nǐhǎo, qǐngwèn shì báixuě diànbīngxiāng shòuhòu fúwù zhōngxīn ma?

职员: 是的，您有什么问题吗？
Zhíyuán: Shì de, nín yǒu shénme wèntí ma?

小金: 我家的电冰箱坏了，想申请维修服务。
Xiǎo Jīn: Wǒ jiā de diànbīngxiāng huài le, xiǎng shēnqǐng wéixiū fúwù.

职员: 好的，请问您的冰箱有哪些故障呢？
Zhíyuán: Hǎode, qǐngwèn nín de bīngxiāng yǒu nǎxiē gùzhàng ne?

从什么时候开始的？
Cóng shénme shíhou kāishǐ de?

小金: 我家冰箱的冷冻室从昨天开始就不制冷了，
Xiǎojīn: Wǒ jiā bīngxiāng de lěngdòng shì cóng zuótiān kāishǐ jiù bú zhìlěng le,

昨天 晚上里面的东西都化了。
zuótiān wǎnshang lǐmiàn de dōngxi dōu huà le.

职员: 十分抱歉给你带来了不便。现在就给您预约
Zhíyuán: Shífēn bàoqiàn gěi nǐ dàilai le búbiàn. Xiànzài jiù gěi nín yùyuē wéixiū fúwù,

维修服务，您看明天早上10点可以吗？
nín kàn míngtiān zǎoshang shí diǎn kěyǐ ma?

小金: 明天上午我有事要外出，下午可以吗？
Xiǎo Jīn: Míngtiān shàngwǔ wǒ yǒu shì yào wàichū, xiàwǔ kěyǐ ma?

来之前请给我打 个电话，号码是7858852。
Lái zhīqián qǐng gěi wǒ dǎ ge diànhuà, hàomǎ shì 7858852.

职员: 好的，先生，请问您的电冰箱是什么型号，
Zhíyuán: Hǎo de, xiānsheng, qǐng wèn nín de diànbīngxiāng shì shénme xínghào,

什么时候购买的？
shénme shíhou gòumǎi de?

小金: 型号是BX-29，使用了大概4年时间。
Xiǎo Jīn: Xínghào shì BX-29, shǐyòng le dàgài sì nián shíjiān.

职员: 对不起, 您的冰箱已经超过了3年的保修期,
Zhíyuán: Duìbuqǐ, nín de bīngxiāng yǐjīng chāoguò le sān nián de bǎoxiūqī,

如果上门服务的话, 会收取一定的费用, 可以吗?
rúguǒ shàngmén fúwù dehuà, huì shōuqǔ yídìng de fèiyòng, kěyǐ ma?

小金: 这个我知道, 没关系的。只要能给我尽快修好就行。
Xiǎo Jīn: Zhège wǒ zhīdao, méi guānxi de. Zhǐyào néng gěi wǒ jǐnkuài xiūhǎo jiù xíng.

我急着用呢。
Wǒ jízhe yòng ne.

职员: 好的, 明天下午5点维修人员会为您上门修理,
Zhíyuán: Hǎo de, míngtiān xiàwǔ wǔ diǎn wéixiū rényuán huì wèi nín shàngmén xiūlǐ,

请你在家等候。
qǐng nǐ zài jiā děnghòu.

제10과 본문 ❷

海尔集团是中国白色家电第一品牌, 1984年创立于中国青岛,
Hǎi'ěr jítuán shì Zhōngguó báisè jiādiàn dìyī pǐnpái, yī jiǔ bā sì nián chuànglì yú Zhōngguó qīngdǎo,

张瑞敏是海尔集团的主要创始人。截至2009年, 海尔集团在
Zhāng Ruìmǐn shì Hǎi'ěr jítuán de zhǔyào chuàngshǐ rén. Jiézhì èr líng líng jiǔ nián, Hǎi'ěr jítuán zài

全球建立了29个制造基地, 8个综合研发中心, 19个海外贸易
quánqiú jiànlì le èrshí jiǔ ge zhìzào jīdì, bā ge zōnghé yánfā zhōngxīn, shíjiǔ ge hǎiwài màoyì

公司, 全球员工超过6万人。并且在2011年, 海尔的营业额
gōngsī, quánqiú yuángōng chāoguò liùwàn rén. Bìngqiě zài èr líng yī yī nián, Hǎi'ěr de yíngyè'é

达到了1509亿元, 主要有科技、工业、贸易、金融四大支柱产业,
dádàole yìqiān wǔbǎi líng jiǔ yì yuán, zhǔyào yǒu kējì、gōngyè、màoyì、jīnróng sìdà zhīzhù chǎnyè,

成为了名副其实的全球化集团公司。海尔曾被英国《金融时报》
chéngwéi le míng fù qí shí de quánqiúhuà jítuán gōngsī. Hǎi'ěr céng bèi Yīngguó《Jīnróng shíbào》

评为"中国十大世界级品牌"之首。它品牌旗下的冰箱、空调、
píngwéi "Zhōngguó shídà shìjièjí pǐnpái" zhī shǒu. Tā pǐnpái qíxià de bīngxiāng、kōngtiáo、

洗衣机、电视机、热水器、电脑、手机、家居集成等18种产品
xǐyījī、diànshìjī、rèshuǐqì、diànnǎo、shǒujī、jiājū jíchéng děng shíbā zhǒng chǎnpǐn

也被评为中国名牌。海尔在持续自身健康发展的同时,
yě bèi píngwéi zhōngguó míngpái. Hǎi'ěr zài chíxù zìshēn jiànkāng fāzhǎn de tóngshí,

也始终重视企业的社会责任。积极从事教育、慈善等社会
yě shǐzhōng zhòngshì qǐyè de shèhuì zérèn. Jījí cóngshì jiàoyù、císhàn děng shèhuì gōngyì shìyè,

公益事业, 回馈社会, 致力于环境改善和可持续发展,
huíkuì shèhuì, zhìlì yú huánjìng gǎishàn hé kěchíxù fāzhǎn,

赢得社会各界的广泛赞誉。
yíngdé shèhuì gèjiè de guǎngfàn zànyù.

제11과 본문 ❶

乐乐: 志勋，你的中文学得怎么样啦？
Lèlè: Zhìxūn, nǐ de Zhōngwén xué de zěnmeyàng la?

志勋: 还行吧，中文有意思是有意思，不过汉字实在是太难了。
Zhìxūn: Hái xíng ba, Zhōngwén yǒu yìsi shì yǒu yìsi, búguò Hànzì shízài shì tài nán le.

乐乐: 韩国不是也使用汉字嘛？
Lèlè: Hánguó bú shì yě shǐyòng Hànzì ma?

志勋: 韩国用的是繁体汉字，可是现在学的都是简体字。
Zhìxūn: Hánguó yòng de shì fántǐ Hànzì, kěshì xiànzài xué de dōu shì jiǎntǐzì.

我还得一个字一个字地重新背。
Wǒ hái děi yí ge zì yí ge zì de chóngxīn bèi.

乐乐: 原来如此，汉字写起来是比较难，有的外国朋友说
Lèlè: Yuánlái rúcǐ, Hànzì xiě qǐlai shì bǐjiào nán, yǒu de wàiguó péngyou shuō

写汉字就像画画。
xiě Hànzì jiù xiàng huàhuà.

志勋: 我觉得最难的应该是多音字吧。一个汉字好几个音，
Zhìxūn: Wǒ juéde zuì nán de yīnggāi shì duōyīnzì ba. Yí ge Hànzì hǎo jǐ ge yīn,

什么时候读哪个音，也没有固定规律。
shénme shíhou dú nǎ ge yīn, yě méiyou gùdìng guīlǜ.

乐乐: 也对，多音字的学习只能靠死记硬背。
Lèlè: Yě duì, duōyīnzì de xuéxí zhǐ néng kào sǐjì yìngbèi.

你就多花些时间吧。
Nǐ jiù duō huā xiē shíjiān ba.

志勋: 难道学习汉字就没有什么小窍门吗？
Zhìxūn: Nándào xuéxí Hànzì jiù méiyou shénme xiǎoqiàomén ma?

乐乐: 怎么没有？汉字中有很多是形声字，也就是说汉字的
Lèlè: Zěnme méiyou? Hànzì zhōng yǒu hěn duō shì xíngshēngzì, yě jiù shì shuō Hànzì de

一半表示了这个字的读音，另一半代表含义。
yíbàn biǎoshìle zhège zì de dúyīn, lìng yí bàn dàibiǎo hányì.

志勋: 哦，那这样的话，背诵理解起来就容易多了。
Zhìxūn: Ò, nà zhèyàng dehuà, bèisòng lǐjiě qǐlai jiù róngyì duō le.

乐乐: 没错。不管学习什么，只要抓住了窍门，
Lèlè: Méi cuò. Bùguǎn xuéxí shénme, zhǐyào zhuāzhù le qiàomén,

保准事半功倍！
bǎozhǔn shì bàn gōng bèi!

志勋: 乐乐，你真厉害，都能当我的小老师啦！
Zhìxūn: Lèlè, nǐ zhēn lìhai, dōu néng dāng wǒ de xiǎo lǎoshī la!

제11과 본문 ❷

中国是一个多民族、多语言、多文化的国家, 包括汉族在内,
Zhōngguó shì yí ge duōmínzú、duōyǔyán、duōwénhuà de guójiā, bāokuò hànzú zàinèi,

一共有56个民族, 使用80种以上的方言。这是因为社会在
yígòng yǒu wǔshíliù ge mínzú, shǐyòng bāshí zhǒng yǐshàng de fāngyán. Zhè shì yīnwèi shèhuì zài

发展过程中出现了不同程度的分化和统一, 而使汉语逐渐
fāzhǎn guòchéng zhōng chūxiàn le bùtóng chéngdù de fēnhuà hé tǒngyī, ér shǐ Hànyǔ zhújiàn

产生了方言。方言分布的区域很广, 各方言之间的差异主要
chǎnshēng le fāngyán. Fāngyán fēnbù de qūyù hěn guǎng, gè fāngyán zhījiān de chāyì zhǔyào

表现在语音、词汇、语法等各个方面, 语音方面最突出。
biǎoxiàn zài yǔyīn、cíhuì、yǔfǎ děng gègè fāngmiàn, yǔyīn fāngmiàn zuì tūchū.

所以即使都是中国人, 去了外地也不一定能够听懂那里的方言。
Suǒyǐ jíshǐ dōu shì Zhōngguórén, qùle wàidì yě bù yídìng nénggòu tīngdǒng nàli de fāngyán.

中国主要可以分为七大方言区: 北方方言, 吴方言, 闽方言,
Zhōngguó zhǔyào kěyǐ fēnwéi qīdà fāngyánqū: Běifāng fāngyán, Wú fāngyán, Mǐn fāngyán,

粤方言, 客家方言, 赣方言和湘方言。但由于这些方言之间
Yuè fāngyán, Kèjiā fāngyán, Gàn fāngyán hé Xiāng fāngyán. Dàn yóuyú zhèxiē fāngyán zhījiān

在语音上都有一定的对应规律, 词汇、语法方面也有许多
zài yǔyīn shang dōu yǒu yídìng de duìyīng guīlǜ, cíhuì、yǔfǎ fāngmiàn yě yǒu xǔduō

相同之处, 因此它们不能算是独立的语言。
xiāngtóng zhīchù, yīncǐ tāmen bù néng suànshì dúlì de yǔyán.

제12과 본문 ❶

张经理: 小金，听说你升职了，祝贺你啊。
Zhāngjīnglǐ: Xiǎo Jīn, tīngshuō nǐ shēngzhí le, zhùhè nǐ a.

小金: 谢谢您，其实也没什么，只是项目经理而已，
Xiǎo Jīn: Xièxie nín, qíshí yě méi shénme, zhǐshì xiàngmù jīnglǐ éryǐ,

负责这次的老城区改造工程。
fùzé zhècì de lǎochéngqū gǎizào gōngchéng.

张经理: 你太谦虚了，这都是你平时努力的结果！
Zhāngjīnglǐ: Nǐ tài qiānxū le, zhè dōushì nǐ píngshí nǔlì de jiéguǒ!

小金: 还得感谢领导和同事们对我的信任。
Xiǎo Jīn: Hái děi gǎnxiè lǐngdǎo hé tóngshìmen duì wǒ de xìnrèn.

我一定不辜负大家的期望，努力工作。
Wǒ yídìng bù gūfù dàjiā de qīwàng, nǔlì gōngzuò.

张经理: 什么时候开始上任啊？
Zhāngjīnglǐ: Shénme shíhou kāishǐ shàngrèn a?

小金: 从下个星期开始我就调到新的部门了。
Xiǎojīn: Cóng xiàge xīngqī kāishǐ wǒ jiù diàodào xīn de bùmén le.

一想到要离开老同事们，还是挺舍不得的。
Yì xiǎngdào yào líkāi lǎotóngshì men, háishì tǐng shěbudé de.

张经理: 没关系，反正离得也不远，有了空我们就过去看你。
Zhāngjīnglǐ: Méiguānxi, fǎnzheng líde yě bù yuǎn, yǒu le kòng wǒmen jiù guòqu kàn nǐ.

小金: 谢谢您。对了，明天晚上我在"天下春"请客，
Xiǎo Jīn: Xièxie nín. Duì le, míngtiān wǎnshang wǒ zài "Tiānxiàchūn" qǐngkè,

您可一定 要赏光啊。
nín kě yídìng yào shǎngguāng a.

张经理: 那还用说，你的升迁酒我是一定要喝的。
Zhāngjīnglǐ: Nà hái yòng shuō, nǐ de shēngqiānjiǔ wǒ shì yídìng yào hē de.

咱们明天不醉不归！
Zánmen míngtiān bú zuì bù guī!

小金: 嗨,我要是喝醉了,我爱人就该不让我进家门儿了。
Xiǎo Jīn: Hēi, wǒ yàoshì hēzuì le, wǒ àiren jiù gāi bú ràng wǒ jìn jiā ménr le.

张经理: 呦,没看出来你还是个"妻管严"呢。
Zhāngjīnglǐ: Yōu, méi kàn chūlai nǐ háishì ge "qīguǎnyán" ne.

제12과 본문 ❷

职位等级是指根据工作责任大小、工作复杂性与难度，
Zhíwèi děngjí shì zhǐ gēnjù gōngzuò zérèn dàxiǎo、gōngzuò fùzáxìng yǔ nándù,

以及对任职者的能力要求而进行的分类。但是韩国公司和
yǐjí duì rènzhízhě de nénglì yāoqiú ér jìnxíng de fēnlèi. Dànshì Hánguó gōngsī hé

中国公司里，职位等级的划分并不完全一样。今天我们
Zhōngguó gōngsī li, zhíwèi děngjí de huàfēn bìng bù wánquán yíyàng. Jīntiān wǒmen

就给大家介绍一下。首先，韩国公司中，最常见的职位等级
jiù gěi dàjiā jièshào yíxià. Shǒuxiān, Hánguó gōngsī zhōng, zuì chángjiàn de zhíwèi děngjí

由低到高为：社员-主任-代理-课长-次长-部长(室长)-
yóu dī dào gāo wéi: shèyuán - zhǔrèn - dàilǐ - kèzhǎng - cìzhǎng - bùzhǎng(shìzhǎng) -

理事-常务理事-副社长-社长-副会长-会长。中国公司的
lǐshì - chángwù lǐshì - fùshèzhǎng - shèzhǎng - fùhuìzhǎng - huìzhǎng. Zhōngguó gōngsī de

管理职务可以分为董事长、副董事长、总经理、副总经理、
guǎnlǐ zhíwù kěyǐ fēnwéi dǒngshìzhǎng、fùdǒngshìzhǎng、zǒngjīnglǐ、fùzǒngjīnglǐ、

部门经理、项目经理、助理以及管理秘书等；虽然两国公司里
bùmén jīnglǐ、xiàngmù jīnglǐ、zhùlǐ yǐjí guǎnlǐ mìshū děng; suīrán liǎng guó gōngsī li

有些职位实际业务内容相似，但是职位名称却不一样。
yǒuxiē zhíwèi shíjì yèwù nèiróng xiāngsì, dànshì zhíwèi míngchēng què bù yíyàng.

比如说，在中国一般公司的负责人叫做总经理，
Bǐrú shuō, zài Zhōngguó yìbān gōngsī de fùzérén jiàozuò zǒngjīnglǐ,

副职是副总经理，这和韩国公司的社长、副社长差不多。
fùzhí shì fùzǒngjīnglǐ, zhè hé Hánguó gōngsī de shèzhǎng、fùshèzhǎng chàbuduō.

在总经理之上还有董事会，在韩国叫做理事会。
Zài zǒngjīnglǐ zhī shàng háiyǒu dǒngshìhuì, zài Hánguó jiàozuò lǐshìhuì.

董事会对内掌管公司事务、对外代表公司的经营决策。
Dǒngshìhuì duì nèi zhǎngguǎn gōngsī shìwù、duìwài dàibiǎo gōngsī de jīngyíng juécè.

它的负责人叫做董事长，这和韩国公司的会长类似。
Tā de fùzérén jiàozuò dǒngshìzhǎng, zhè hé Hánguó gōngsī de huìzhǎng lèisì.

 Vol.6 본문병음

中国的部门经理就相当于韩国的各部部长。韩国公司里次长、
Zhōngguó de bùmén jīnglǐ jiù xiāngdāngyú Hánguó de gè bù bùzhǎng. Hánguó gōngsī li cìzhǎng、

课长、代理、主任的区分方式在中国公司中也无法一一对应。
kèzhǎng、dàilǐ、zhǔrèn de qūfēn fāngshì zài Zhōngguó gōngsī zhōng yě wúfǎ yī yī duìyīng.

中国公司的项目经理是指为了某项专门业务设立的负责人职位,
Zhōngguó gōngsī de xiàngmù jīnglǐ shì zhǐ wèile mǒu xiàng zhuānmén yèwù shèlì de fùzérén zhíwèi,

也就是我们常说的PM。助理和秘书则是辅佐这些管理人员的
yě jiù shì wǒmen cháng shuō de PM. Zhùlǐ hé mìshū zé shì fǔzuǒ zhèxiē guǎnlǐ rényuán de

职位。当然了, 韩国公司的社员也就是中国公司的职员了。
zhíwèi. Dāngrán le, Hánguó gōngsī de shèyuán yě jiù shì Zhōngguó gōngsī de zhíyuán le.